股魚 教你
一本搞懂
ETF

股　魚◎著

Chapter 3　應用實戰攻略　提升勝率

自序 不要拿投資太難當藉口

我在 2019 年正式離開服務 15 年的公司後,在投資邏輯的想法上,也出現明顯的變化。從 2003 年年末踏入職場到 2019 年年初離開,在這段時間內,我大多是採用個股投資為主軸,少量搭配 ETF 的方式進行,但從 2019 年〜 2023 年間,我慢慢地將個股投資轉換成以 ETF 為核心部位的方式。

身為過去長期運用個股進行投資的上班族,我深知個股投資並沒有想像中那樣簡單,假日的研讀、做功課,與參加各種投資課程,是踏向成功的必要過程。有沒有一種工具可以讓人參與市場投資機會,又不需要花太多時間去研究呢?事實上是有的,那就是被稱為被動式投資的 ETF。

ETF 全名為「Exchange Traded Fund」,中文稱為「指數股票型基金」,其最大的特色就是擁有股票交易的特性。投資人交易 ETF 的方式跟交易個股完全相同,只要開立證券戶後,輸入 ETF 的股

票代碼就可以買進。更重要的是，每一檔 ETF 都持有 30 檔以上個股與遵循所設計的選股策略，在一定時間內進行成分股汰弱留強。用我的觀點來看，ETF 等於是內建「投資組合」與「投資策略」雙效合一型的產品，且因為是採用被動式投資，所以可以排除經理人選股能力的因素，單純地看出投資策略設計的好壞。

大家要知道一件事情，「分散式投資組合」又被稱為是市場的免費午餐，但就算你知、我知，那又如何？個人要建立投資組合並不容易，更不要談建立投資組合的選股與後續的組合管理。

但投資 ETF 就容易了，投資人只要仔細研究、了解這檔 ETF 的投資策略符不符合自己的需求，接著只要買進就完事了。對於一般人來講，這真的是再省事不過了。而且各位不要忘記了，自己選股投資還會遇到地雷股、主力坑殺等事件發生，買 ETF 就沒這些煩惱了！

我在 2021 年的時候，將過去選股投資的技巧與心得，寫成《躺著就贏 人生就是不公平：股魚最強存股祕技》一書，揭露怎麼選對股票，讓好公司夜以繼日地幫你賺錢，實現躺著就贏的投資理念。但我仍持續在思考，怎樣可以降低投資的難度，讓更多人也能

跟我一樣躺著就贏呢？

　　而我現在要告訴你，這個答案就是 ETF。連研究個股財報都不需要了，只要了解 ETF 的本質、弄懂策略的差異，選擇適合自己的商品來搭配，剩下的就只要設定好券商下單 App 內的定期定額功能，再不斷持續地投入。相信一段時間過後，你也能跟我一樣享受到躺著就有績效、躺著就贏過一堆忙進忙出投資人的樂趣！

建立基礎觀念

扎穩腳步

想達到財富自由境界
從創造被動收入開始

1-1

2019 年 3 月，是一個值得紀念的日子，我在這一天卸下所有的職銜、離開熟悉的職場環境跟舒適圈，走進另一種截然不同的生活。

當初決定自己外出打拼的時候，其實心情有點忐忑，腦中閃過了很多的念頭，甚至想說離開公司，是不是個錯誤的決定？可是離開得愈久，心中後悔的感覺就愈來愈淡。

想離職追夢，需有財務底氣支撐

其實對於「離職追夢」這件事情，我覺得有兩個東西是比較重要的：第 1 是家人要支持這麼做，第 2 則是準備的錢要夠。只有在對家裡應該要負的那些責任，都還是可以照常去執行，也就是

錢足夠支付生活中的所有開銷時，才有底氣離開原本的公司，去做自己真正想要做的事情，一般把這個狀態稱為「財富自由」。

有件事要特別解釋，關於財富自由，並不是指存款的部位有多少，而是投資的部位能創造多少現金流入。而這個現金流入泛指「不需要工作，在一旁躺平也能產生的現金」，一般是指現金股利、租金收入、定存利息、版權收入等。當不需要刻意工作，也能支付生活上的固定支出時，所謂的財富自由才會發生！

你知道，我從上班第 1 天就開始在思考「如何讓自己早日達到財富自由」嗎？為什麼我那麼早就在思考這件事情？因為我以前工作的地方是在科學園區，那裡的員工是 1 年當 2 年用，甚至是 1 年當 3 年在用的。

早期科學園區的生活大多採用責任制，超時工作是一種常態，只要學長、主管還沒下班，整個辦公室就沒什麼人敢先走，就算其實工作已經做完，沒事也只能先待著。

而根據我在科學園區中，與早期的學長以及其他公司的朋友閒聊中得知，在科學園區裡面上班的人，通常會有一個覺悟——這

份工作可能沒有辦法做很久，大多是希望自己工作 10 年之後就可以退休。這樣子講是有原因的，因為科學園區的工作很操，無法做太久，身體會無法負荷。

在科學園區工作太久的話，賺到的錢都是花在醫療費用上，這樣的人生變不值得的。更不要說，有同事因為科學園區工作工時不正常的關係，失去了交往多年、論及婚嫁的女友；或是趴下來午休然後再也沒有醒過來的；抑或是即使生病仍必須繼續工作，以工作績效為重，自己卻罹患重症不治的；甚至是超時工作導致下班精神不濟出意外的……。這對很多人來講，或許只是一則小新聞，對我而言，卻是在身邊一幕幕上演的現實。

以前我在科學園區工作時，早上進公司之後，會一直待到快凌晨 12 點才離開，一天大概只睡 4 ～ 5 個小時而已。下班抬頭往上望向天空，看到的永遠都是星星，離開公司時能夠看到夕陽西下，是個奢侈的願望。

在這個「賣肝」的過程中，我深深覺得這不是一個長遠之道。當有「這樣下去不行」的想法出現之後，就會開始去思考，「除了離職換工作之外，應該要做些什麼，才能提早離開這樣子的工

作環境?」當然也因為有這樣子的想法之後,才會開始去做很多很多的準備。

可能有人會想説,既然工作環境如此地不佳,為什麼不是優先考慮離職、換工作呢?這是因為科學園區內,大部分的基層工程師,工作都是「賣肝」的,即使離職也不會離開科學園區,只是從 A 換到 B,結果並沒有太大的改變。

那離開科學園區去找下一份工作,結果會不會更好呢?以當時來講,肯定不會比較好。我講個數字給你聽聽,當時跟我同時離開學校,結束 1 年 10 個月軍旅生活,立即投入職場的同學,在南部工作月薪僅有約 2 萬 6,000 元。沒看錯,就這樣子而已。但在科學園區工作,基本起薪加上津貼與加班費,每個月可以來到 4 萬元以上,這還未計入股票分紅與年終獎金。剛出社會當然是選錢多的,這樣累積資本的速度也比較快。

財富自由的重點是增加選擇權利

繼續回到財富自由這件事情。過去幾年,國外非常流行一個説法「FIRE」,它的英文全名是「Financial Independence, Retire

Early」，中文是「財務獨立，提早退休」。

很多人看到「提早退休」4 個字就嗨（high）了，會很想要立刻辭職去環遊世界。但如果說沒有先準備好財務上的安全網，就很容易碰到「人還沒死，錢卻早就已經花光」的情況。那究竟要怎麼做，才能達到「FIRE」呢？這一定是財務行為有了些不太一樣的轉變，才有可能辦到。

以前傳統的財務行為，是付出多少時間工作，就會得到多少收入。而這種收入，是一般所謂的「主動收入」（詳見表 1）。這樣就有一個問題來了，今天如果不工作，是不是代表就沒有收入？那這樣的話呢，就必須要勞動一輩子，是不是？

你以為勞動一輩子很慘對不對？不是的，還有比這更慘的是，想要勞動都沒有辦法。

現實是很殘酷的，如果今天年紀變大，沒有辦法持續工作，就會失去主動收入，這時候就必須要有其他收入來源，才能活下去。要知道，即使獲得社會救助，也只是勉強可以活著。日子要過得舒適，還是得靠存款簿的金額、資本的累積與資本持續帶來的收

表1 被動收入只需在前期研究，後續就能得到收益
——主動收入vs.被動收入

收入性質	定義	收入管道
主動收入	需要持續投入時間維持，不投入時間收益就會消失	工作、兼職、打工等
被動收入	前期需要投入時間進行研究、投資，後期不投入時間也能獲得收益	投資收入、租金收入等

入才行。

　　那前面提到的其他收入來源是指什麼呢？除了政府各種補助津貼以外，最重要的就是「被動收入」。被動收入是指只要在前期投入時間進行研究、投資，後期不投入時間也能獲得收益。像是投資收入、租金收入等，都是被動收入的一種。

　　為什麼被動收入很重要？因為被動收入是只要在前期做一次決定，後面錢就會一直進來。就算在睡覺，被動收入還是不停地在幫你賺錢。既然被動收入那麼棒的話，如果今天的被動收入足以去 cover（支應）所有支出，不就自由了嗎？就好像每個月的固

定支出是 3 萬元，而被動收入則是每個月進帳超過 3 萬元，那還工作幹嘛呢？

　　上面是稍微誇張一點的說法。其實，我會跟很多投資朋友講，FIRE 的觀念不是這樣子的，FIRE 的觀念是指，當被動收入能夠支應所有支出的時候，就會多了很多的「選擇權利」（詳見圖 1）。比如說，可以選擇要不要繼續從事本來的工作，或者選擇去做其他更感興趣的事情。

　　許多人在換工作時會考慮的問題是，不知道新工作會不會對原本的生活造成影響？可是，如果今天被動收入已超過日常支出，那其實這一層的疑慮就不見了，可以自由自在地去選擇；想要從事什麼樣的工作？也不需要去考慮，這份工作可以帶來多少收入，只需要考慮這份工作能否帶來什麼樣的意義？這樣是不是很棒呢？

　　不要老覺得投資就是為了把老闆 FIRE 掉，其實不是這個樣子的。投資是為了讓人在生活上有更多的選擇。

　　甚至如果覺得說，原本的工作符合自己的理想，也做得很開心，

圖1 當被動收入可負擔生活支出，即獲得財富自由
—— 一般想法vs. FIRE想法

一般想法 付出的時間＝工資收入

FIRE想法 付出的時間＝被動收入；
被動收入＞生活支出＝Freedom（自由）

註：FIRE 意指「財務獨立，提早退休」，核心原則是利用投資收益來滿足生活支出所需，而且這個資金是源源不絕地流出

那就算被動收入足夠了，也不一定要選擇離開，可以繼續在原本的工作上發光發熱。所以在這邊一定要花點時間跟大家澄清這個觀念。

存錢、理債後，才開始規畫投資

那一般人可以怎麼樣去做 FIRE 的規畫呢？首先，要存錢。存錢不是單純把錢存起來就好，還包含要怎麼去記帳？怎麼削減不必要的開支？不要覺得這是老生常談，沒什麼道理，能夠持續做好的才屬害。

　　其實，很多人對於記帳這件事都感到不耐煩，認為就沒多少錢了還要記帳？是記辛酸的嗎？我會說：「千萬不要這樣想。」只有記帳，才知道錢往哪裡流；只有記帳，才知道帳戶的缺口在哪邊。如果不記帳，就永遠憑感覺做事情。

　　人都是看到清楚的數字出來，才會驚覺哪裡有問題，所以無論如何，請務必記帳至少 1 年的時間，先釐清自身的金流是否需要調整後，再來想要怎麼存錢，效率會更好！

　　除了存錢之外，還必須做資本的管理。因為想要得到被動收入，就得去做一些投資。那要投資的話，是直接把錢砸下去就好嗎？當然不是啊，它是需要很多前置動作的。

　　那前置動作有哪些？如果是有債務的話，就要先解決掉。我遇到非常多的投資人，都想靠借錢來解決債務問題，但這樣操作是不可行的，很容易不小心就將債務愈滾愈大。

　　而債務有分成「好債務」與「壞債務」兩種形式。簡單來講，消費型的貸款都屬於壞債務；購入資產、創造收益型的貸款都屬於好債務。而兩者之間最大的差別，其實銀行都暗中分類好了，

利率高的基本上都是消費型貸款（壞債務）；利率低的都屬於資產型貸款（好債務）。例如說個人信貸、車貸、信用卡債這些利率比較高的，都屬於消費型貸款，而購屋貸款、學貸這種利率比較低的，都屬於資產型貸款。

如果是消費型貸款，必須要優先清償。因為利用這類貸款所購買的物品，大多屬於折舊快速的商品，且利率又偏高，不優先處理，債務數字可能會愈滾愈高。如果是資產型貸款，則可以慢慢償還。因為這類貸款都是可以創造未來價值，甚至未來可以增值的商品，且它的利率比較低，有充分的時間可以償還。

至於中間還有一些屬於抵押貸款、股票貸款之類的債務，這就要看舉債後買入的商品是什麼而定。但基本的原則是這樣的，我不鼓勵舉債進行股票投資，尤其是在股市熱絡的時候，常會有怕錯過這一波行情的心理，而發生過度舉債的現象，像是利用信用貸款買股後再融資，房子增貸投入股市之類。

舉債投資最常出問題的部分是在心態上。原本用閒錢投資，可以悠悠哉哉地面對市場，但是如果改用借錢舉債投資的話，會因為多背負了償債的壓力而難以維持悠哉的心態，也難以做到長期

投資。

我會建議，投資不要借錢開槓桿，要是遇到市場反轉，融資維持率下降被迫停損時，多年的努力會一夕消失。若真的想要開槓桿投資，那麼 ETF 產品中帶有「正二」這兩個字的，表示該產品內建 2 倍槓桿，一樣可以滿足投資需求。

在債務問題解決之後，還要去管理手上現有的資金部位，看看有多少錢可以拿來投資？接著，才會是進展到要怎麼選擇一個對的標的物，並把它的資金部位提高，去創造所謂的被動收入。

坦白講，一開始在累積被動收入的時候，過程真的是很辛苦，需要很多的耐心和毅力。但當被動收入累積到一定金額的時候，就真的可以靠它持續去過自己想要的生活，所以基本上是非常非常好的。

小資族用ETF累積被動收入，可避免被坑殺宿命

那麼，究竟該用什麼方式來累積被動收入呢？其實市面上，建立資產部位的理財工具非常多，像是股票、ETF、期貨與選擇權、

外匯、基金、房地產等。而在這當中，我覺得對上班族、小資族來說，最簡單也最好用的理財工具，就是ETF。其實我在一開始進入投資市場的時候，是採用個股的方式進行投資，但在我離開職場後，現在若問我，哪種方式是上班族最好的投資工具？我會毫不猶豫的說，是「ETF」，這絕對是上天恩賜小資族的禮物，可以改變投資人被坑殺宿命的好東西。

有人會問，為什麼要投資ETF，不投資個股？原因很簡單，你會想要花時間追蹤產業變化？會想要花時間分析個股財務數據嗎？沒有嘛，對不對！

其實我在投資的過程中，發現很多投資朋友都很有趣，他想要投資，想要直接去買個股，可是他從頭到尾根本不知道這家公司到底在幹嘛？連這家公司是圓的？是扁的？是瘦的？都不知道。然後，公司的財務能力好不好也不知道。更麻煩的是，他根本不想花時間做研究。

如果你想要投資，可是卻不知道自己在買什麼，那要怎麼去減少犯錯的機會？所以，建議直接去投資ETF就好了，因為ETF它本身就是一個投資組合的概念，這樣能大幅減少投資單一個股而

犯錯的機率。

　　各位要知道一件事情，今天如果在投資個股上犯錯，有可能會把錢賠光，因為公司是會下市的，知道嗎？公司下市的話，以前投資人還有張股票存根（指投資人持有股票的憑證）可以當廢紙使用（俗稱股票變壁紙），電子化之後，就什麼都沒有了。可是買 ETF 的話，因為它會按照 ETF 追蹤的指數策略持續轉換成分股，所以不太會因為一檔個股有問題，整個 ETF 就翻盤了。

　　那 ETF 會不會下市？會，ETF 也會下市。可是 ETF 下市跟個股下市有個地方不太一樣：個股下市就是價值歸零，投資人什麼都拿不回來；可是 ETF 如果清算下市的話，投資人是可以拿回它的剩餘淨值。

　　舉例來說，假設今天買元大台灣 50（0050）好了，如果發行公司突然說，不好意思，0050 要申請清算下市了，那投資人會不會覺得說，0050 清算下市，我的 0050 部位就變成零了？不會。假如那時 0050 的淨值是 100 多元，這 100 多元就會回到持有人的戶頭裡。而這就是投資 ETF 跟投資個股很大的不同，投資人因犯錯而賠光的機率大幅度下降。

　　所以，如果想要認真鑽研股票，靠投資個股發家致富，那很好，記得要堅持下去，不要只是 3 分鐘熱度，個股與產業真的是很需要花時間持續追蹤研究。但如果不想要花時間去研究，那投資 ETF 就好，相對容易，不會有被大戶坑殺的問題，不會遇到騙線問題，也不會遇到開盤掛假單的問題，好處多多。至於 ETF 該怎麼選擇？有哪些操作眉角？我會在後續章節一一説明。

依據投資標的
ETF主要可分為4大類

1-2

大家都知道，在這個世界上，不論想做任何事情，在開始投入時間、金錢、資源之前，都必須要先了解一下相關規定，才不容易踩雷。總不能說有人很想靠投資賺錢，然後要買什麼？買了什麼？統統一問三不知，就呆呆坐在那邊等著股價上漲，然後就莫名其妙發大財了。這用「膝蓋」想也知道，除非他是天選之人，幸運值爆表，否則根本就不可能！

同樣的道理，如果想要投資 ETF 的話，就必須先了解一些 ETF 的相關知識才行。了解得愈多，信心就會愈足夠。

那究竟什麼是 ETF 呢？ETF 的 E 是指 Exchange（交易所）、T 是指 Traded（交易）、F 則是指 Fund（基金），合起來就是指「在交易所交易的基金」，中文名稱則是「指數股票型基金」。

而 ETF 這 3 個字裡面，最重要的是「F」這個字，這表示 ETF 的本質其實就是一般投資人所熟悉的基金，當記住這個要點之後，接下來就可以針對 ETF 來做深入的說明跟了解。

根據台灣指數股份有限公司的資料可知，截至 2023 年 12 月底止，台灣掛牌的 ETF 檔數共有 246 檔（含上市 ETF 和上櫃 ETF），總管理資產規模超越 3 兆 8,800 億元。而這 246 檔 ETF 依投資標的不同，又可以分為以下 4 種類型：

市值型ETF》走勢與大盤亦步亦趨

市值型 ETF 是一種追蹤特定指數表現的 ETF，它的投資標的通常是某一特定市場中市值排名前幾名的股票。例如投資人最熟悉的元大台灣 50（0050），就是市值型 ETF 的一種，它是選取台灣總市值前 50 大的公司作為投資標的。其他像是元大 MSCI 台灣（006203）、永豐臺灣加權（006204）、富邦台 50（006208）等，也都是市值型 ETF。

另外，像是元大 S&P500（00646），也是屬於市值型的 ETF，只是它投資標的不在台灣，而是在美國。00646 的成分股

包括了美國 500 家頂尖上市公司，占美國股市總市值約 80%。但要注意的是，由於這種市值型 ETF 投資標的都是美股，所以會有匯率風險產生。

一般來說，市值型 ETF 具有 3 個特點：

1. Beat 係數趨近於 1，走勢會跟市場亦步亦趨（詳見圖 1）。
2. 納入市值排序選股邏輯，較不會買到有問題的小公司。
3. 現金殖利率大致符合市場大盤水準，不會忽高忽低。

高息型ETF》已歷經3代變革

高息型 ETF 是以追求高股息收益為主要目標的 ETF。至於怎麼樣的 ETF 算是「高息」？基本上有一個非常簡單的定義，也就是每年 ETF 的現金殖利率至少要能夠大於 5%。為什麼是 5%？因為根據歷史經驗，台灣上市公司整體殖利率約為 4% ～ 5%。所以，如果高息型 ETF 現金殖利率沒有超過 5% 的話，怎麼敢說自己是高息？

由於台灣人對於會配息的產品有高度熱愛，這也使得高息型

圖1 **0050走勢與台股大盤相近**
——加權指數（TSE）vs.元大台灣50（0050）日線圖

註：資料日期為 2020.07.21 ～ 2023.12.12
資料來源：XQ 全球贏家

ETF 愈來愈受歡迎，相關產品也愈出愈多。而隨著高息型 ETF 不斷推陳出新，它們的選股邏輯也開始有一些變化。根據我的觀察，高息型 ETF 至今已經改朝換代了 3 次（詳見表 1）：

第1代》高股息原型ETF

第 1 代的高息型 ETF，就是像元大高股息（0056）這種非常

傳統的高股息原型 ETF，它的選股邏輯就是說，先去猜哪一檔股票隔年配發的股息特別高，就將之選進 ETF 的投資標的裡。不過這個猜測不是由基金經理人來做，而是由一個財經資料庫去預測各檔股票隔年配發股息的高低。一般將這種稱為第 1 代的高股息原型 ETF。

第2代》低波動高息型ETF

後來，因為第 1 代高股息原型 ETF 挑出的成分股，波動性有時會偏大，有時會選到前一年大賺，但今年股價大幅回檔的個股，讓部分投資人持有得心驚驚。因此，發行的投信公司為了降低投資風險，就在高息的基礎上，加入「低波動」這個投資策略。這就是第 2 代的低波動高息型 ETF。

至於什麼是低波動高息型 ETF 呢？這種 ETF 就是專門在能夠配發高股息的個股裡面，去挑一些跟大盤比起來，波動相對較低的個股（Beta < 1），然後將之選進 ETF 的投資標的裡；這樣一來，投資組合的穩定性就可以提高。像是元大台灣高息低波（00713），這種就是屬於第 2 代的低波動高息型 ETF。

以元大投信發行的產品為例，2023 年，0050 的 Beta 值是

表1 第3代高息型ETF納入具題材性的標的
—— 高息型ETF演進歷程

項目	第1代》 高股息原型ETF	第2代》 低波動高息型ETF	第3代》 多因子高息型ETF
選股邏輯	1.特定市值區間 2.高殖利率 3.年配息	1.特定市值區間 2.高殖利率 3.加入財務特徵 4.年配息（部分 　為半年配息）	1.特定市值區間 2.高殖利率 3.加入財務特徵 4.加入環境責任，如 　ESG 5.季配息（部分為雙月 　配息、月配息） 6.加入配息公正制度
成分股特色	納入預期未來能 配發出高股息的 標的	納入波動相較大 盤低的高配息標 的	納入具題材性（像 ESG、低碳等）的高配 息標的
代表標的	元大高股息 （0056）	元大台灣高息低 波（00713）、 復華富時高息低 波（00731）	國泰永續高股息 （00878）、群 益台灣精選高息 （00919）、永 豐ESG低碳高息 （00930）

註：0056、00713與00731皆已於近2年從年配息改採季配息

1.07；0056 的 Beta 值是 0.82；00713 的 Beta 值是 0.56。由於 0050 為市值型 ETF，波動會與台股大盤類似，而 00713 的 Beta 值又比 0056 小了許多，可見第 2 代高息型 ETF 的低波

動策略設計，有效降低第 1 代的波動性。

第3代》多因子高息型ETF

低波動高息型 ETF 推出之後，著實在市場上風光了一陣子，但接下來就換第 3 代多因子高息型 ETF 在市場上獨領風騷，它有什麼特色呢？

首先，多因子高息型 ETF 把一些目前很夯的話題全部都包進去，比如說在 ETF 裡面納入與 ESG（環境保護、社會責任、公司治理）、低碳、科技、永續、中小（編按：中小型股縮寫）等相關的成分股來做包裝。像是國泰永續高股息（00878）、永豐 ESG 低碳高息（00930），就是屬於此類。

再來，多因子高息型 ETF 針對第 1 代高股息原型 ETF 的選股邏輯做了一些改良。

以前第 1 代的高股息原型 ETF 是先猜測後選股，但是這樣會有個小問題，就是它有時候猜得不是很準，有可能原本以為公司今年的現金股利會配很多，結果公司在股東會上決定今年產業風險增加，使得現金股利配息率大幅修正，導致實際的現金股利不如

預期。

所以，為了避免猜測失誤的情況發生，第 3 代多因子高息型 ETF 就決定不猜了，改拿已知的現金殖利率來當成選股的基準。比如說直接用過去 3 年的平均現金殖利率來挑股，或者，等到公司 5 月股利政策正式宣布後再來換股；這樣一來，就可以確定 ETF 成分股的殖利率表現。

最後，多因子高息型 ETF 還會將「股東權益報酬率（ROE）」、「配息穩定度」、「獲利成長」等因素納入考量，如此就能保證 ETF 挑進來的成分股，不會是只賺一次、人就跑掉的那種，而是可以一直賺錢的。

所以第 3 代多因子高息型 ETF 除了理念打中人心之外，還把過去投資人認為有問題的那些點，全部一一改正，這也難怪它受到廣大投資人的歡迎。

債券型ETF》固定發放利息的投資工具

債券型 ETF 是由各種債券構成的 ETF。所謂的債券，就好像民

間的「借據」一樣，是債券發行人（如政府或企業）向投資人借錢的憑證。如果投資人買了債券，就像是把錢借給了政府或企業，它們每年會付投資人一些利息，債券到期時再把借的本金還給投資人。所以對於投資人來說，債券是一種可以固定領到利息的投資工具。

債券依發行人不同，會有不同名稱，像是美國政府發行的債券就叫美國公債；美國公用機關發行的債券就叫市政債；新興國家政府發行的債券就叫新興市場債或主權債；優質企業發行的債券叫做投資等級債；違約風險高的企業發行的債券叫非投資等級債（過去又稱垃圾債、高收益債）；特定產業（如電信業、金融業等）發行的債券叫產業債等。

而對於債券型 ETF 來說，它的名稱也會因為組成的債券種類不一樣而變動，像是投資美國公債為主的就簡稱為美公債 ETF；投資新興市場債為主的就叫新興債 ETF……，依此類推。

其他ETF》產業型、槓桿型、反向型等5類別

除了前面提到的市值型 ETF、高息型 ETF 和債券型 ETF 以外，

市場上其實還有很多不同類型的 ETF，像是產業型 ETF、房地產型 ETF、槓桿型 ETF、反向型 ETF、期貨型 ETF 等，說明如下：

1.產業型ETF

產業型 ETF 是指投資組合主要集中在特定產業（例如科技業、能源業、醫療保健業、金融業等）的 ETF。產業型 ETF 的好處在於提供了投資者參與某一特定產業增長的機會，而不必單獨挑選和管理某檔股票。

2.房地產型ETF

房地產型 ETF 主要是指「不動產投資信託（REITs）」，這種投資方式是把不同類型的不動產證券化，像是把辦公大樓、商場、數據中心、工業用地、醫院和百貨公司等的股權拆分出來，變成可以投資的標的。

REITs 依種類不同，又可以分為「權益型 REITs」、「抵押型 REITs」和「混合型 REITs」3 種。

其中，權益型 REITs 是指直接投資於不動產的 REITs，主要收益來源是買賣及經營管理不動產獲得的租金和管理費用，而非買賣

的價差，另部分會投入不動產相關公司的股票。抵押型 REITs 是指投資於貸款、不動產抵押貸款證券（MBS）的 REITs，主要收益來源是利息收入；混合型 REITs 是指同時投資於不動產和不動產抵押貸款的 REITs，主要收益來源是租金收入和利息收入。

3.槓桿型ETF

槓桿型 ETF 是一種透過衍生性金融商品，像是期貨或選擇權，來放大追蹤指數表現的 ETF。例如槓桿倍數為 2 倍的槓桿型 ETF，在指數上漲 1% 時，槓桿型 ETF 即上漲 2%。

4.反向型ETF

反向型 ETF 是一種透過衍生性金融商品，像是期貨或選擇權，來反向追蹤指數表現的 ETF。例如反向倍數為 1 倍的反向型 ETF，在指數上漲 1% 時，反向型 ETF 即下跌 1%。

5.期貨型ETF

期貨型 ETF 的投資標的是一籃子期貨合約。由於能源、金屬等原物料商品，可能因為倉儲、運輸等因素不容易進行現貨投資，所以投資人常會利用期貨來參與這些資產的價格變化，進而發展出期貨 ETF。

　　上面介紹的這幾種 ETF，都是台灣常見的 ETF 類型。其中特別要注意的是，槓桿型 ETF、反向型 ETF 和期貨型 ETF 這 3 種 ETF 因為有開槓桿，投資風險較高，投入前務必要先了解產品適不適合自己的投資邏輯。

搞懂ETF基本知識 投資事半功倍

1-3

相信大家都有聽過一句話:「工欲善其事,必先利其器。」無論想做什麼事情,如果想要達到事半功倍的效果,就必須要先把武器磨利。那對於投資人來說,需要磨利的重要武器是什麼呢?除了錢之外,就是對於投資商品的基本認識:

ETF股票名稱》用來初步判斷投資標的

很多人都以為買 ETF 就是在買股票,只要聽到股票代號就立刻衝進去買,但這樣是不對的。因為現在 ETF 的產品相當多元,除了有市值型 ETF、高息型 ETF、債券型 ETF 以外,還有產業型 ETF、房地產型 ETF、槓桿型 ETF、反向型 ETF 和期貨型 ETF 等,每種 ETF 的操作策略都不太一樣,如果不小心買錯,那事情就大條了。

表1 若ETF股票代號出現「B」，則為債券型ETF
──ETF股票代號和名稱

代號	名稱
0050	元大台灣50
00632R	元大台灣50反1
00631L	元大台灣50正2
00679B	元大美債20年
00642U	期元大S&P石油
00715L	期街口布蘭特正2

註：紅字為 ETF 關鍵字

但還好，因為現在發行這些 ETF 的投信還算滿誠實的，沒有搞太多奇奇怪怪的花樣，所以投資人可以透過 ETF 的股票名稱來了解這一檔 ETF 的投資策略是放在什麼地方。

所以在買 ETF 時，千萬不要只是看到股票代號就想衝進場，而是要把 ETF 的股票代號跟名稱全部放在一起看，確認有沒有特殊的關鍵字，才不會買錯標的物。

至於什麼是特殊關鍵字呢？很簡單，就是表 1 紅字的部分。就

台灣的股票代號來說，一般常聽到的，大多是由 4 個數字或 5 個數字組成，但表 1 的 ETF，許多不僅有數字，後面還多了一些英文字。對投資人來講，這些英文字就是關鍵，它們各自代表了不同的涵義。

如果看到股票代號最後面的英文字是「B」，就代表這一檔是債券型 ETF。而 B 以外的英文，大多都是有開槓桿的產品，像是「L」代表槓桿型 ETF、「R」代表反向型 ETF、「U」代表是追蹤原型期貨的 ETF 等，這一定要注意。

那如果股票代號的英文不小心漏看了，沒有關係，還有一次在中文名稱確認的機會，這時就要留意「期」、「正 2」、「反 1」這些關鍵字。通常「期」會放在股票名稱最前面，而「正 2」、「反 1」則會放在股票名稱最後面。

「期」指的是期貨，很好理解。那「正 2」、「反 1」是什麼意思？一般看到的 ETF，是只要 ETF 追蹤的指數或商品上漲 1%，它的價格就會上漲 1%。而股票名稱最後面有寫「正 2」的 ETF，是 ETF 追蹤的指數或商品上漲 1%，它的價格就會上漲 2%，也就是 1-2 提到的「槓桿型 ETF」。股票名稱最後面有寫「反 1」的

ETF，則是 ETF 追蹤的指數或商品上漲 1%，它的價格就會下跌 1%，也就是 1-2 提到的「反向型 ETF」（註 1）。

為什麼ETF追蹤的指數或商品上漲 1%，正 2 的價格會上漲 2%、反 1 的價格會下跌 1% 呢？這是因為名稱最後面有寫「正 2」、「反 1」的 ETF，通常是有開槓桿的 ETF，才能達成這種效果。

可是要注意，不是每一檔有開槓桿的 ETF，前面都有加「期」這個字。比如說 00631L 這檔 ETF 叫做「元大台灣 50 正 2」，名稱最後面的「正 2」代表它也是槓桿型的產品，但它的名稱最前面就沒有「期」。

所以，在選擇 ETF 時，除了從股票代號上來觀察之外，也要注意它的名稱有沒有出現「期」這個字，或是出現「正 2」、「反 1」。通常出現這種字眼的時候，就代表它是有開槓桿的產品，需要留意。

註 1：實際上，由於交易成本、管理費等因素，ETF 價格上漲／下跌幅度都會比預期得再小一些。例如「正 2」ETF，當 ETF 追蹤的指數或商品上漲 1% 時，它的價格只會上漲接近 2%，不會是剛好 2%。

此外，有些 ETF 股票代號最後面的英文字是「K」，代表的是這檔 ETF 有加掛人民幣或美元，表現在名稱上面就是「+R」、「+U」，像是群益深証中小 +R（00643K）、國泰日經225+U（00657K）等，就是此類。

淨值》依據ETF成分股資產價值計算

ETF 跟股票一樣有兩個價格，一個叫「市價」，一個叫「淨值」。市價就是指在市場交易的價格，也就是大家常見的股價，而淨值則是 ETF 的真實價值。由於 ETF 是持有一籃子股票，所以它的淨值是根據這一籃子股票的資產價值計算出來的。

通常在買股票的時候，根本沒有人在看淨值的，投資人都只關心市價，所以股票的市價和淨值會差很遠。以護國神山台積電（2330）來說，它最新的淨值（2023 年 Q3）是 129.12 元。可是它的股價是多少？500 多元。兩者相差了 300% 左右，離得是非常非常的遠，其他的股票也大多是長這個樣子。

但如果是買 ETF，就不是這樣子了。由於 ETF 的本質是基金，所以投資人除了關心它的市價是賣多少錢以外，也會看一下它的

圖1 ETF的市價會貼近淨值
——元大台灣50（0050）折溢價

☆ 0050 元大台灣50						折溢價	即時追蹤差距
市價	昨收	01/16 128.65	最新	127.45	▼ 1.20 (-0.93%)	**0.11**	NTD
淨值	昨收	01/16 128.39	最新	127.34	▼ 1.05 (-0.82%)	(0.09%)	**0.00‰**

註：資料日期為 2024.01.17
資料來源：元大投信

淨值，所以多數投信網站在公告 ETF 價格時，會把市價和淨值一起放上來。

　　一般來說，ETF 的市價應該要貼近它的淨值。例如，元大台灣 50（0050）2024 年 1 月 17 日的淨值是 127.34 元，市價是 127.45 元，兩者僅相差 0.09%（詳見圖 1）。至於為什麼 ETF 的市價會貼近它的淨值呢？這就和 ETF 的「折溢價」有關係了。

折溢價》指市價與淨值之間的差額

　　前面提到，ETF 的市價跟淨值之間，其實是有一些差距的，這

個差距就是所謂的「折溢價」。其中，折價是指 ETF 的市價小於淨值，而溢價則是指 ETF 的市價大於淨值。由於 ETF 每天在市場交易的過程中，投資人都在喊價，所以市價上上下下波動很正常。可因為投信每天只會結算一次淨值，因此 ETF 出現折溢價的情況是在所難免，但如果折溢價差距太大，就糟糕了。

當 ETF 折溢價太大時，投資人就會擔心未來會有損失，然後就不願意買它。一旦投資人購買意願下降，就會讓該檔 ETF 的規模縮水，連帶使得發行該檔 ETF 的投信收入減少。所以，如果投信公司發現自己發行的 ETF 有折溢價太大的情況，就會趕快到市場進行一系列操作，把該檔 ETF 的折溢價收斂回來（註 2）。

一般來講，ETF 的折溢價如果能夠控制在 1% 以下，我就覺得這家投信的控制能力算是非常不錯了。那如果有 ETF 常年折溢價可以控制在 0.5% 以下，就代表發行這檔 ETF 的投信公司，控制產品折溢價的能力非常好。

收益平準金》保障投資人收息權益的機制

收益平準金是近幾年投信在發行高息型 ETF 時，普遍採用的一

種機制。

　　早期投資人在買高息型 ETF 時，很容易碰到一個問題，那就是 ETF 有可能因為買的人變多，ETF 的規模變大，讓原本持有 ETF 的投資人的現金殖利率下降。

　　舉例來說，原本某檔 ETF 的規模是 100 億元，股息所得是 5 億元，現金殖利率算下來是 5%。某天這檔 ETF 突然暴紅，一堆人搶著買，規模隨之暴增到 500 億元，但這時候股息所得還是 5 億元，可是現金殖利率卻從 5% 跌到 1%，那這樣對原本買進的投資人就不公平了。

　　前面買進的人會想說，我是因為可以領到 5% 現金殖利率才來買這檔ETF，現在多了一大票人跟風，現金殖利率從 5% 變成 1%，當然心情很差。那投信公司為了避免這種情況發生，就開始把「收

註 2：ETF 價格以「淨值」為基準，當收盤時發生溢價的情況，表示市價高於淨值，投信隔天會盡可能將市價壓低回到淨值。反之，當收盤時發生折價的情況，表示市價低於淨值，投信隔天會盡可能將市價拉回到淨值。這也是為什麼當 ETF 溢價過高時，市場會提醒隔天 ETF 的市價可能會修正的原因。

益平準金」機制納進來。所謂的「收益平準金」機制是指,後面再投入 ETF 的人,除了買下這個淨值之外,其實還有一部分是包含收益平準金在裡面的。那這樣可以確保,任何一個時間點買進這檔 ETF 的投資人,若領到息,都是非常公平的被對待。

延續前面的例子,某檔 ETF 的規模從 100 億元暴增至 500 億元,股息所得同樣是 5 億元。如果 ETF 有納入收益平準金機制的話,就會在 ETF 規模增加的同時,從新申購的資金裡面,依照當時的現金殖利率等比例提撥收益平準金所得(此處是 20 億元)。這時候 ETF 可分配的收入,會從原本的 5 億元增加至 25 億元(＝股息所得 5 億元＋收益平準金所得 20 億元),讓 ETF 的現金殖利率可以維持在 5%(詳見圖 2)。

我自己是覺得,以主打配息的高息型 ETF,都應該導入收益平準金機制,這樣才不會讓原本持有的投資人權益被犧牲。

Smart Beta》有助增添ETF投資的多元性

Smart Beta,又稱為「因子投資」,是一種內建選股邏輯的投資方式,可以讓投資主題變化更多元。

為什麼 ETF 要加入 Smart Beta 呢？因為以前傳統的市值型 ETF，就是複製大盤指數而已，比如說台股就複製加權指數，美股的話就複製道瓊工業平均指數。而像投資市值型 ETF，你跟別人說，「我在買指數。」或「我買了 0050。」沒有什麼興奮感，話題也很快就結束了。

不過，若改買納入 Smart Beta 的 ETF，就較多變化了。它要買整個供應鏈可不可以？可以。它買 5G 這種科技題材的可不可以？可以。它都只買永續投資／ESG 的企業可不可以？可以。其他像什麼高息、低波、資安、雲端、人工智慧（AI）等題材，也統統都可以買。

由於這種納入 Smart Beta 的 ETF 會讓人對產業，或是對一種選股方式有參與感，而且會讓投資這件事情變得非常有趣，所以在台灣，這種主題式 ETF 的投資變得非常多。像是現在很流行的高息型 ETF、產業型 ETF 等等，都屬於此類。

現金殖利率》將數值年化，有助比較配息高低

殖利率有兩種，第 1 種叫做「現金殖利率」，是用公司發放的

圖2 若無收益平準金機制，ETF配息恐被稀釋

無收益平準金機制

時間軸	2023.07 ~ 2023.08 成分股配息	2023.09 ETF 配息	
ETF規模 （億元）	100	500	投資人想要 5% 殖利率，就在 ETF 配息前大舉買入，使得 ETF 規模從 100 億元變成 500 億元
股息所得 （億元）	5	5	ETF 成分股配息後，ETF 帳上可分配的現金股利仍只有 5 億元
ETF現金殖利率 （%）	5	1	由於 ETF 規模暴增，使得現金殖利率從 5% 降到 1%

現金股利除以它的股價，而第 2 種則是「現金年化殖利率」。

為什麼現金殖利率需要年化呢？當然是為了方便投資人比較和分析。你想，如果現在有一檔 ETF 發行了 3 年，另外一檔 ETF 才

──無收益平準金vs.有收益平準金機制

有收益平準金機制

時間軸	2023.07 ~ 2023.08 成分股配息	2023.09 ETF 配息	
ETF規模（億元）	100	500	同無收益平準金機制
股息所得（億元）	5	5	同無收益平準金機制
收益平準金所得（億元）	0	20	從 ETF 新增的申購金額中抽出一部分納入收益平準金裡
ETF可分配收入（億元）	5	25	啟動收益平準金以後，ETF 可分配收入從 5 億元上升至 25 億元
ETF現金殖利率（%）	5	5	因收益平準金影響，使得 ETF 現金殖利率仍維持 5% 不變

資料來源：台灣證券交易所、元大投信

發行 1 年，要如何比較誰的現金殖利率較高？是要把發行 3 年的那檔 ETF，今年配發的現金殖利率拿來比較？還是要拿去年的？那如果剛好它去年 ETF 現金殖利率特別高，這樣不是很不公平嗎？所以，如果這時候把發行 3 年的 ETF 其現金殖利率年化，取

一個平均值的概念，是不是就比較公平了？那這是第 1 種情況。

　　另外還有一種情況是，有 2 檔 ETF，它們都只要比今年發的現金殖利率誰比較高。但有一個問題，就是其中 1 檔 ETF 是採年配息，另外 1 檔 ETF 則是採季配息，那要如何比較它們的現金殖利率孰高？孰低？這時就會把季配息的那檔 ETF，採用「年化」的方式去計算現金殖利率；這樣一來，2 檔 ETF 的現金殖利率都是以年計算，就可以比較了。至於季配息的 ETF，現金殖利率要怎麼年化？一般來說，主要有 2 種方式（詳見表 2）：

計算方式1》將股息直接乘以年度配息次數再除以股價

　　這裡的股息是指單次配息數字。假設某檔 ETF 今年第 1 季現金股利（即股息）配了 1 元，1 整年的股息就是 4 元（＝ 1 元 × 4）。將股息 4 元除以股價（假設是 100 元）後，就可以算出現金年化殖利率是 4%（＝ 4 元 ÷100 元 ×100%，註 3）。

計算方式2》將股息取近年加總後再除以股價

　　假設某檔 ETF 今年第 1 季股息配了 1 元，去年第 4 季配 0.8 元、去年第 3 季配 1.1 元、去年第 2 季配 0.9 元，則近 1 年的股息加總就是 3.8 元（＝ 1 元＋ 0.8 元＋ 1.1 元＋ 0.9 元）。將股

表2 將現金殖利率年化，共有2種計算方式
——現金殖利率vs.現金年化殖利率

項目	現金殖利率	現金年化殖利率
適用ETF	年配型ETF	月配型ETF、雙月配息型ETF、季配型ETF、半年配型ETF
公式	現金股利除以股價	1. 將股息直接乘以年度配息次數再除以股價 2. 將股息取近年加總後再除以股價

息 3.8 元除以股價（假設是 100 元）後，就可以算出現金年化殖利率是 3.8%（＝ 3.8 元 ÷100 元 ×100%）。

　　上面這兩種算法是以季配息 ETF 當例子，如果是要算月配息 ETF、雙月配息型 ETF 或半年配息 ETF 的現金年化殖利率，只需要更改年度配息次數就可以，例如月配息 ETF，就是將每月配的現金股利乘以 12 再除以股價，或是將近 12 個月的現金股利加總後除以股價。雙月配息 ETF，就是將每 2 個月配的現金股利乘以 6 再除以股價，或是將近 6 次的現金股利加總後除以股價。而

註 3：坊間媒體大多採用「（股息 × 年度配息次數）÷當時股價」的方式來計算現金年化殖利率。

半年配息 ETF 的現金年化殖利率的算法也是類似，就是將每半年配的現金股利乘以 2 再除以股價，或是將最近 2 個半年配的現金股利加總後除以股價。

一般來說，許多人在算現金年化殖利率的時候，大部分都是採用算法 1「將股息直接乘以年度配息次數再除以股價」這種簡單算法，但簡單背後就容易出問題了。

例如，有一檔半年配的 ETF，股價 15.5 元，上半年股息配了 0.68 元。若採用算法 1 的方式計算，現金年化殖利率會非常吸引人，有 8.77%（＝（0.68 元 ×2）÷15.5 元 ×100%）。可要注意的是，這個「現金年化殖利率 8.77%」有一個前提，那就是這檔 ETF 下半年股息也必須配出 0.68 元才行！如果這檔 ETF 下半年配息低於 0.68 元的話，那它的殖利率就會下降。

如果殖利率下降，投資人會不爽對不對？但你知道嗎？下半年配息減少還不算什麼，過去還發生過有某檔 ETF，上半年發配息發得很開心，結果下半年就公告說，按照公開說明書的配息規定，目前不符合配息條件，所以它就不發配息了。因此，投資人在看到現金殖利率出現「年化」兩個字時，一定要提高警覺啊。

買ETF前關注3重點

(1-4)

將投資化繁為簡

　　許多人在投資 ETF 時，常會有個疑問：「投資個股我只要看這家公司的基本面就能大致判斷，那如果是投資 ETF 的話，我也是只要看基本面就好嗎？如果不是的話，我應該要看哪一面呢？」

　　其實很多人在投資個股時，像價值型投資、成長型投資等，都要用財務報表去判斷個股的基本面狀況。什麼是基本面？簡單來說，就是看這家公司的能力好不好？價格行不行？收入好不好？事業行不行？債務多不多？例如可以觀察公司股東權益報酬率（ROE）、資產報酬率（ROA）、每股稅後盈餘（EPS）、本益比（P/E）、股價淨值比、現金殖利率等財務數據的表現，去了解這家公司目前的狀況。

　　那你要想喔，今天光是 1 檔股票，就必須要看那麼多東西才能

判斷公司的表現，可是 ETF 它不是 1 檔股票，而是把很多檔股票包裹在一起發售給投資人。那 1 檔 ETF 裡面有多少檔股票呢？少一點的是 30 檔，多一點的是 50 檔，甚至還有來到 100 檔的……。如果要逐一去分析 ETF 這些成分股的基本面，再來綜合判斷這 1 檔 ETF 選股選得好不好，那我只能送你 3 個字：「太麻煩」。

舉例來說，今天有一位非常認真的投資人小王，他想要知道元大台灣 50（0050）這檔 ETF 好不好，就把 0050 持有的 50 檔成分股逐一抓出來做分析，先研究它們的產業、布局、獲利好不好，然後再分析 ETF 的選股邏輯有沒有問題，最後做一個綜合判斷。這樣整套做下來，沒有花上 10 天、半個月是不行的。所以研究 ETF 的基本面可不可以？可以，但就是花太多時間了。

不過大家不要誤會，我並沒有說 ETF 的成分股不重要、不需要研究，而是說不用在這上面花太多心力而已。

很多人都把 ETF 想得太複雜了，其實 ETF 很簡單的，它就像是大家在超市裡面會看到的那種泡麵，不但口味眾多（有市值型 ETF、高息型 ETF、債券型 ETF……），還能簡單快速去得到想要

圖1 若對ETF的主題不感興趣，就不要投資
——投資ETF需要了解的3重點

1.ETF追蹤的投資主題　　若對ETF追蹤的主題沒興趣，就放棄

2.ETF追蹤的指數策略內容　若對ETF的策略內容不認同，就放棄

3.ETF歷史回測表現　　　若對ETF的回測表現不滿意，就放棄

的結果（例如只要買高息型ETF就可以輕鬆得到想要的高股息）。所以，大家應該要了解的觀念是，ETF其實是要簡化投資所耗費的心力，而不是想要增加工作量，千萬不要本末倒置。

那究竟想投資ETF，應該要關注哪些重點呢？我認為除了成分股之外，至少還需要關注下面這3重點（詳見圖1）：

重點1》ETF追蹤的投資主題

第1個關注重點是ETF追蹤的主題。如果不喜歡ETF追蹤的主題，那還買它幹嘛？

通常會去買 ETF 這種產品的投資人，絕大部分都是有長期投資的想法。這就好比追女朋友，你喜歡她在身邊的感覺，才會想要跟她在一起。同樣的狀況放到 ETF 上面不是也一樣嗎？唯有喜歡 ETF 追蹤的主題，才能夠跟它長遠地走在一起。

而這樣做的好處在於，因為 ETF 追蹤的主題是喜歡的，所以只要有相關訊息出現，就比較容易吸引注意力，自己也比較願意去了解。

重點2》 ETF追蹤的指數策略內容

第 2 個關注重點是 ETF 追蹤的指數策略內容。就像剛剛講的，如果把 ETF 當成是泡麵的話，同樣是牛肉麵口味的泡麵，各家出產的泡麵一定會有點不太一樣，可能這家牛肉比較多，那家湯頭比較讚，你總會特別偏愛其中某一種。

ETF 也是一樣，可能投資人真正喜歡的是某一檔特定的 ETF，但即使是同一類型的 ETF，每檔的績效都不太一樣，有些可能會跟想像中的有點落差。其實這就是 ETF 追蹤的指數策略內容不同所造成的差異，所以千萬不要只是看到 ETF 的名稱就衝進去了，

要先去了解，這檔 ETF 它所追蹤的指數策略內容是不是自己所認同的。

舉例來講，同樣是高息型 ETF，元大高股息（0056）和國泰永續高股息（00878）所追蹤的指數策略內容就很不一樣。

從這 2 檔 ETF 的公開說明書中可以看出，0056 是由市值前150 大企業中，取未來 1 年預測現金殖利率最高的 50 檔股票作為成分股，而 00878 則是從 MSCI 台灣指數成分股中，選出ESG 評級分數高，且過去 3 年平均年化殖利率前 30 檔個股作為成分股。

有沒有發現，雖然這兩檔都是高息型 ETF，可 0056 是採用「預測」的現金殖利率在選股，而 00878 則是採用「已知」的平均年化殖利率在選股，兩者差別是不是很大？

所以，不管是想要投資哪一類型的 ETF，都要先去看自己認同的是哪一種指數策略內容，然後再去投資，這樣就比較不會有誤會。那如果已經對 ETF 追蹤的指數策略內容有深入的了解，然後還選擇了它，那就代表這是你的真愛。

重點3》ETF的歷史回測表現

　　最後，第 3 個關注重點是 ETF 的歷史回測表現。一般來說，回測的時間拉得愈長，商品的表現就會看得愈清楚。基本上如果 ETF 發行時間夠久，發行該檔 ETF 的投信公司都會提供過去 5 年的回測數據，有誠意一點的還會提供過去 10 年的回測數據。

　　至於為什麼要看 ETF 的歷史回測表現？很簡單，只要問一個問題就好，「你買 ETF 是為了做慈善嗎？」不是吧，當然是為了賺錢啊。那賺錢這種東西啊，跟投入的時間點和投入資金的大小有關係嗎？有吧！所以要去看這檔 ETF 過去一段期間的回測表現，看看有沒有符合預期。

　　那如果 ETF 回測表現符合預期可以幹嘛？可以從一個概念來看，今天如果某檔 ETF 它 5 年的績效是這樣，那我就會思考接下來去買同一檔 ETF，並且持有 5 年，是不是也有機會複製過去的成效？因此，在檢視 ETF 歷史回測表現時，我建議至少要看 5 年以上的時間，對投資人來講比較有保障。

　　而且，在看歷史回測的時候要注意，不要只看 ETF 的投資報酬

率，還要仔細檢視它歷史波動率的狀況，才不會買到報酬率上上下下的 ETF。此外，也要盡量把看的時間波段拉長一點，這樣才能看到這檔 ETF 過去完整的表現。千萬不要只有抓特定區間的回測來看，因為抓特定區間的話，可能看到的是 ETF 從谷底往上的高光時刻，這時候判斷就可能會失真。

掌握4要件，篩出優質ETF

看完投資 ETF 前必須要關注的事情之後，接下來大家還必須要知道，1 檔好的 ETF，應該要具備哪些基本要件。我認為至少要符合下面 4 個要件（詳見圖 2）：

要件1》折溢價愈小愈好

折溢價是指 ETF 的淨值跟市價之間的差距，當 ETF 的折溢價愈小時，代表 ETF 的市價愈接近其淨值，投資人就愈有可能以接近其真實價值的價格來買 ETF，投資風險就愈低。所以對投資人來說，ETF 的折溢價是愈小愈好。

要件2》追蹤誤差愈小愈好

追蹤誤差是指 ETF 的報酬率跟其所追蹤的指數之間報酬率的差

距，當 ETF 的追蹤誤差愈小時，ETF 的實際報酬率會愈接近目標指數的報酬率。所以對投資人來說，ETF 的追蹤誤差是愈小愈好。

要件3》規模愈大愈好

ETF 規模是指 ETF 所持有的資產價值，包括股票、債券、現金等，通常以新台幣億元為單位進行計算。當 ETF 的規模愈大，代表持有 ETF 的人愈多，這時 ETF 的流動性就愈高、交易成本降低、滑價（指 ETF 成交價與委託價之間的差距）風險變小、下市風險也較小。所以對投資人來說，ETF 的規模是愈大愈好。

要件4》費用率愈低愈好

費用率簡單來說就是購買 ETF 的成本。一般來說，費用率愈高，投資人可以拿到的報酬就愈少。所以對投資人來說，ETF 的費用率是愈小愈好。

基本上，只要挑出的 ETF 能夠符合上述幾個要件，它的表現就不會差到哪裡去。至於 ETF 該怎麼挑、怎麼選，我在後面幾章就會詳細幫大家介紹。

了解產品類型
挑對標的

市值型ETF》投資整體市場
2-1 賺取大盤長期報酬率

看完與 ETF 有關的知識之後，接下來就來教大家不同類型的 ETF，適合使用哪些不同的策略。先來看市值型 ETF。

挑選標的》鎖定長期趨勢向上市場

1-2 有提到，市值型 ETF 是一種追蹤指數表現的 ETF，它的投資標的通常是特定市場中，市值排名前幾名企業的股票。一般來說，市值大的企業，具較強的競爭力和成長潛力，且對大盤的影響也較大，若把市值排名前幾名的企業都買下，幾乎就等於是買下大盤。

因此，如果長期持有台股市值型 ETF 的話，年化報酬率約可到 8% 左右，和台股大盤長期報酬率相當。

圖1 台股、美股大盤走勢長期向上
——發行量加權股價報酬指數vs.S&P 500指數

——台灣發行量加權股價報酬指數（左軸）
——美國 S&P 500 指數（右軸）

指數（左軸）：48,000 / 40,000 / 32,000 / 24,000 / 16,000 / 8,000 / 0
指數（右軸）：6,000 / 5,000 / 4,000 / 3,000 / 2,000 / 1,000 / 0

2004 '06 '08 '10 '12 '14 '16 '18 '20 '22 '24

MacroMicro

註：資料日期為 2003.01.02 ～ 2024.01.03
資料來源：財經 M 平方

　　投資人如果要長期持有市值型 ETF，記得挑選股市趨勢長期向上的市場，例如美股或台股（詳見圖 1）。投入前記得先檢查該市場的指數是否有短期震盪、長期趨勢向上的特性，有的話才是理想的市值型 ETF 選擇。那在台灣，說到市值型 ETF，投資人首先想到的都是元大台灣 50（0050）這檔台灣首檔發行的 ETF。不過雖然 0050 的績效表現優異（近 1 年報酬率 20.33%），但它的價格也同樣可觀（2020 年之後幾乎都在 100 元以上，

詳見圖 2），對小資族來說，投資起來會有點吃力。

好在，後來各家投信陸續推出了許多和 0050 追蹤相同指數與類似的 ETF 產品，像是富邦台 50（006208）、永豐臺灣加權（006204）、富邦摩台（0057）、元大 MSCI 台灣（006203）、元大臺灣 ESG 永續（00850）、富邦公司治理（00692）等，股價都在 100 元以內，相對好入手。而且最重要的是，這幾檔市值型 ETF 的總報酬率和股價漲跌幅都和 0050 相似（詳見表 1）。所以，如果大家想投資市值型 ETF 的話，除了 0050 以外，也可以考慮這幾檔標的物。

而除了價格之外，也可以利用 1-4「篩出優質 ETF 的 4 要件」對市值型 ETF 做進一步篩選。確定好要投資哪一檔市值型 ETF 以後，下一步就來看要用哪一種策略進行操作。市值型 ETF 的操作策略大致有下列 4 種（下面以發行時間最久的 0050 為例）：

操作策略1》定期定額

市值型 ETF 最簡單的操作策略就是「定期定額」，也就是在固定的時間（如每月、每季、每半年或每年）投入固定的金額（如

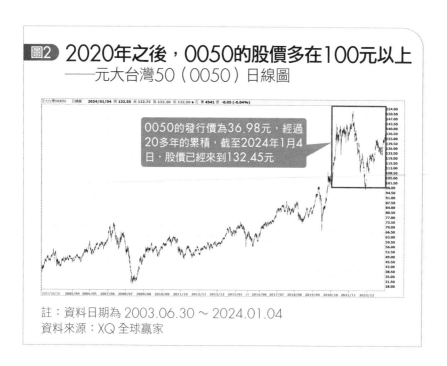

圖2 **2020年之後，0050的股價多在100元以上**
——元大台灣50（0050）日線圖

> 0050的發行價為36.98元，經過20多年的累積，截至2024年1月4日，股價已經來到132.45元

註：資料日期為 2003.06.30 ～ 2024.01.04
資料來源：XQ 全球贏家

每次投入 1,000 元、3,000 元或 5,000 元）來購買。

定期定額背後代表的意義是「成本的平準化」。因為 ETF 本身在持有的過程中，價格會不停地上下震動，如果投資人在這個價格波動的過程中持續將資金投入，那麼長期下來就能拉平成本（詳見圖 3）。之後投資人只要等到 ETF 的價格高於平均成本，

表1 市值型ETF的股價不同，但報酬率接近

項目	元大台灣50 （0050）	富邦台50 （006208）	永豐臺灣加權 （006204）	
成立日期	2003.06.25	2012.06.22	2011.09.06	
追蹤指數	臺灣50指數	臺灣50指數	臺灣證券交易所發行量加權股價指數	
總管理費用（％）	0.43	0.24	0.99	
目前股價（元）	133.70	76.05	88.35	
1年報酬率（％）	20.33	20.09	25.07	
3年報酬率（％）	24.23	24.51	43.78	
5年報酬率（％）	110.82	109.80	117.91	

註：1. 目前股價為 2023.12.15 收盤價；2. 報酬率統計至 2023.12.14；3. N/A 表示無資料

不就可以獲利了嗎？

　　由於定期定額的操作策略很簡單，只要在固定時間投入固定金額就可以，而且現在很多券商都可以設定自動扣款，非常適合懶人無腦的去做投資。但要記住一點，那就是定期定額要能夠獲利的前提是，投資人要真的有耐心地扣下去，不要因為 ETF 價格下

——市值型ETF比較

富邦摩台 （0057）	元大MSCI台灣 （006203）	元大臺灣ESG永續 （00850）	富邦公司治理 （00692）
2008.02.14	2011.04.21	2019.08.15	2017.05.04
MSCI臺灣指數	MSCI臺灣指數	臺灣永續指數	臺灣公司治理100指數
1.23	0.47	0.42	0.26
98.15	65.10	34.54	32.15
19.57	20.12	22.75	21.49
25.40	28.59	37.26	30.78
113.90	118.75	N/A	111.39

資料來源：各投信網站、MoneyDJ、XQ全球贏家

跌就停扣了。

其實很多人的問題都在這邊，ETF 價格上漲的時候覺得，怎麼扣款扣得這麼少，害我少賺了；ETF 價格下跌的時候覺得，怎麼價格都下跌了還在扣款，浪費錢，然後就停掉了。一旦停扣，成本平準化的效果就不見了。

　　那如果覺得定期定額平均成本下降太慢的話，也可以在 ETF 價格上漲的時候扣少一點，ETF 價格因下跌變便宜的時候扣多一點。如果一直這樣做的話，平均成本就可以拉得比較低，等到 ETF 價格上漲時，就可以賺比較多一些。

　　知道定期定額投資的好處之後，就會有人想要問一些更細節的問題，像是定期定額要選幾號扣款？每次要扣多少錢？

　　其實我認為，市值型 ETF 選擇幾號扣款差別沒有太大，但如果真的很擔心，又不想花時間研究的話，那就月初跟月中各扣一次，平準化就好了。或者是將扣款日期選在發薪日的隔天，這樣一來，等到薪水一入帳就能馬上扣款，也避免扣款前將錢都花光了，就沒有多餘的資金來進行長期投資。要記得拿到錢要先支付給自己（做長期投資，或是參加課程提升自我），剩餘的錢才用來支付日常所需。試想，若不能對自己進行提升與投資，那要怎麼期待未來會更好呢？

　　至於定期定額每檔要扣多少錢會比較好？基本上要量力而為，在能夠扣款的金額上盡可能地提高，一步一腳印地持續累積，並記得要注意手續費問題。定期定額扣款前，先查看券商的規定，

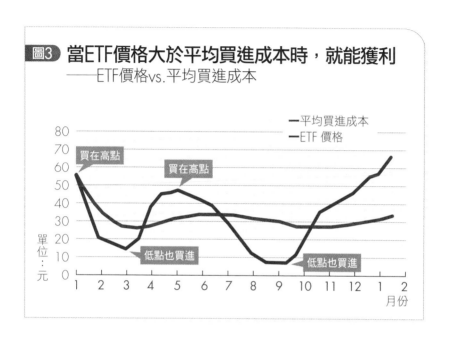

圖3 當ETF價格大於平均買進成本時，就能獲利
——ETF價格vs.平均買進成本

用不同金額投入的時候，扣的手續費到底是多少。

如果今天扣少一點（例如 1,000 元）是收這些手續費，扣多一點（例如 3,000 元）也是收相同手續費的話，在能力所及內當然是要扣多一點，不然在扣款的過程中，手續費就會吃掉不少利潤。有句話說：「你賺的一塊錢不是你的一塊錢，你存的一塊錢才是你的一塊錢。」手續費就是代表省下來的那部分。

操作策略2》跟著景氣燈號操作

市值型 ETF 第 2 種操作策略是跟著景氣燈號操作。所謂的景氣燈號（又稱「景氣對策信號」）是一種表達景氣狀況的指標，共有「藍燈」、「黃藍燈」、「綠燈」、「黃紅燈」和「紅燈」5 個顏色，不同顏色有不同的涵義（詳見圖 4）。其中：

1. **藍燈**：表示景氣低迷，景氣分數為 9 分～ 16 分。
2. **黃藍燈**：為注意性燈號，要密切觀察後續景氣是否轉向，景氣分數為 17 分～ 22 分。
3. **綠燈**：表示當前景氣穩定，景氣分數為 23 分～ 31 分。
4. **黃紅燈**：為注意性燈號，要密切觀察後續景氣是否轉向，景氣分數為 32 分～ 37 分。
5. **紅燈**：表示景氣熱絡，景氣分數為 38 分～ 45 分。

由於景氣本身就是一個循環過程，當景氣來到谷底時，一定會開始慢慢向上爬升；當景氣達到巔峰時，也會開始慢慢衰退。因此，套用到景氣燈號上面就是，當景氣燈號來到藍燈時，之後一定會慢慢向上往紅燈的方向走；反之，當景氣燈號來到紅燈時，之後也一定會慢慢向下往藍燈的方向走。

圖4 若景氣燈號出現藍燈，表示景氣低迷
—— 景氣燈號

分數	9分~16分	17分~22分	23分~31分	32分~37分	38分~45分
燈號	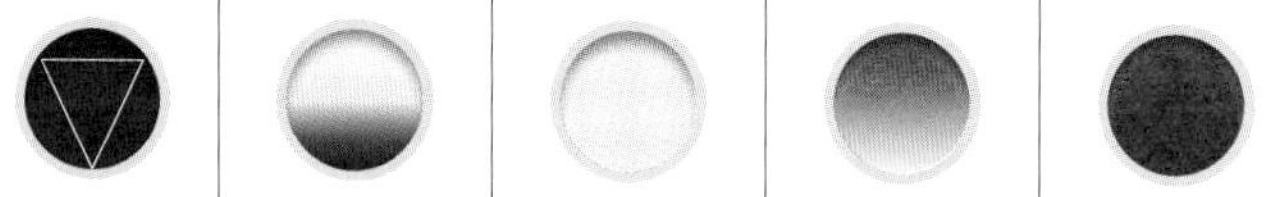 ▽				
意義	景氣低迷	轉向	景氣穩定	轉向	景氣熱絡

資料來源：國發會

　　所以，看到景氣燈號出現藍燈時，就能知道現在景氣大概是在谷底的狀態，之後景氣會開始慢慢爬升，那投資人就可以在這時候逢低買進；等看到景氣燈號出現紅燈的時候，就知道現在景氣已經差不多到頂了，應該要趕快賣掉（註1）。

　　舉例來說，依照景氣燈號「藍燈買、紅燈賣」的操作模式來看，約有2次進場機會。第1次進場機會是在2008年年底，賣出

註1：在經驗上，我會建議當景氣逐漸上升到黃紅燈時就要預作賣出的準備，並不是每次的循環都一定會出現紅燈，這點要特別注意。

機會是在 2009 年年底。第 2 次進場機會是在 2011 年年底，之後 2015 年年底又再次出現藍燈，而出場機會則是在 2021 年（詳見圖 5）。

　　知道該怎麼利用景氣燈號操作以後，接著就會有人問，雖然說景氣燈號只要看到藍燈就可以進去買，但現在大盤已經來到靠近 1 萬 8,000 點的位置，位階已經很高了，還可以進場嗎？

　　其實這個問題很好回答，只要思考一件事情就好，那就是景氣燈號在藍燈時，大盤的位階比較高？還是景氣燈號在紅燈時，大盤的位階比較高？答案是不管怎麼樣，都是景氣燈號在紅燈時，大盤的位階會比較高。不信去把大盤過去幾年的 K 線圖拉出來看，就會發現，當景氣燈號出現紅燈時，大盤的位階一定會比景氣燈號出現藍燈時的位階還要高。

　　或者可以參考表 2 的資料，可以看出，當藍燈出現到下一次的黃紅燈時加權指數的狀況。景氣燈號在 2022 年 11 月開出藍燈時，很多人認為這次不一樣，因為之前幾次出現藍燈時，加權指數都是在 7,000 點左右的位置，這次加權指數卻是在 1 萬 4,000 點以上。但不能拿過去的經驗來比對，因為經過 1 年後，0050

圖5 跟著景氣燈號藍燈買、紅燈賣，輕鬆就能獲利
——元大台灣50（0050）月線圖

註：資料日期為 2003.06.30 ～ 2023.12.01
資料來源：XQ 全球贏家

的含息報酬率再度累積了 26.1%。所以你的投資是相信當下的聲音與感覺，或是相信數字與訊號？

所以，就算現在景氣燈號出現藍燈時，大盤已靠近 1 萬 8,000 點了，但等到下次景氣燈號出現黃紅燈，甚至紅燈時，大盤位階一定會比現在高。投資人可以到國發會網站查詢歷年來景氣燈號

與加權指數的關係，動手查一遍就會知道這樣的說法是否為真。

操作策略3》股價碰到10年線時進場

市值型 ETF 第 3 種操作策略是觀察 10 年線找進場時機。大家要知道，在技術分析上，「年線」常被稱為「生命線」，可作為多空判斷指標，而「10 年線」則是長期投資的成本線概念。用一個簡單的概念來說就是，在 10 年線以下買進的成本，可能比過去長期投資的人還低。

通常股價碰到 10 年線的時候，很多人會認為已經跌太多了，所以開始買進股票，這樣股價通常就會停止續跌，好像有一個支撐效果。因此基本上，只要 0050 滿足下列 3 條件：1. 跌落到 10 年線以下；2. 相信台灣經濟會持續成長；3. 買進後能有信心持有 3 年以上，那股價跌落 10 年線就可考慮買進（詳見圖 6）。

操作策略4》跟著國安基金操作

市值型 ETF 第 4 種操作策略是跟著國安基金操作。台灣國安基金的全名是「國家金融安定基金」，由行政院於 2000 年成立，

表2 黃紅燈時加權指數的點位皆比藍燈高
——景氣燈號對應的加權指數點位

時間點	加權指數點位（點）		元大台灣50（0050）含息報酬率（％）
	藍燈時	黃紅燈時	
2006.12～2007.09	7,630	9,069	21.4
2008.07～2009.11	7,127	7,611（2010.01出現紅燈時為8,098）	4.6（2010.01出現紅燈時為11.9）
2011.11～2020.12	7,275	14,276（2021.02出現紅燈時為16,080）	224.5（2021.02出現紅燈時為270.9）
2022.11～2024.01（黃藍燈）	14,067	17,853	26.1（截至2024.01.02）

註：2024.01景氣燈號仍處於黃藍燈階段，尚未翻轉為黃紅燈
資料來源：國發會

主要目的是因應國內外重大事件，以維持資本市場及其他金融市場穩定，確保國家安定，基金可動用資金總額高達 5,000 億元。

由於國安基金通常是在股市風雨飄搖、市場信心嚴重受挫時進場，股價往往已經跌深，有反轉向上的可能。再加上國安基金的

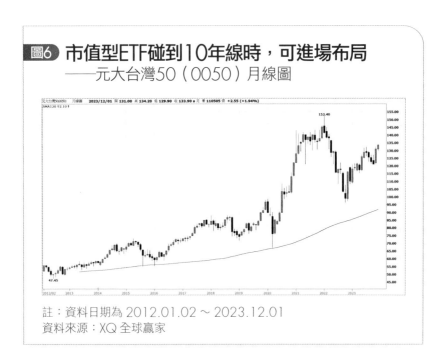

圖6 市值型ETF碰到10年線時，可進場布局
——元大台灣50（0050）月線圖

註：資料日期為 2012.01.02 ～ 2023.12.01
資料來源：XQ 全球贏家

資金龐大，進場後會對市場有支撐作用，往往會提振市場信心，許多投資人會增加買股票的意願，從而推升股價。所以，投資人就可以跟著國安基金進場，逢低布局市值型 ETF（詳見圖7）。

有人可能會想問，為什麼國安基金已經進場 8 次了，但圖7只有出現 6 次進場紀錄？因為國安基金是從 2000 年開始進場，但

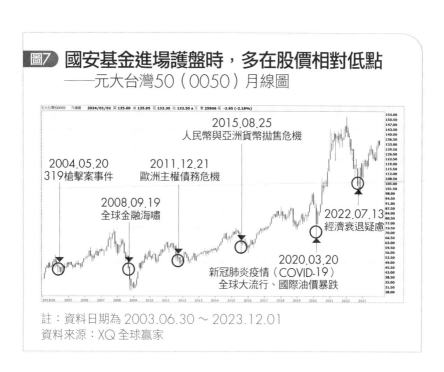

圖7 國安基金進場護盤時，多在股價相對低點
——元大台灣50（0050）月線圖

2015.08.25
人民幣與亞洲貨幣拋售危機

2004.05.20
319槍擊案事件

2011.12.21
歐洲主權債務危機

2008.09.19
全球金融海嘯

2022.07.13
經濟衰退疑慮

2020.03.20
新冠肺炎疫情（COVID-19）
全球大流行、國際油價暴跌

註：資料日期為 2003.06.30 ～ 2023.12.01
資料來源：XQ 全球贏家

0050 的發行時間卻沒有那麼久，它是 2003 年以後才發行的，當然趕不上前面幾次國安基金進場的情況。而且，可以看一下財政部和坊間整理的國安基金進出場紀錄，除了剛成立的第 1 次賠錢外，其餘只要出手都是賺錢出場。那其實投資人只要看到新聞報導「國安基金獲得授權進場」，或是財政部的公告表示國安基金要開始進場護盤了，隔天跟著布局，就可以吃到國安基金護盤

表3 國安基金進場，勝多敗少
——國安基金進場紀錄

次數	國安基金進場				國安基金出場
	日期	背景事件	成本（億元）	進場前1天加權指數點位（點）	損益（億元）
1	2000.03.16	台灣第1次政黨輪替	542	8,640.03	-500
2	2000.10.03	網路泡沫	1,227	6,024.07	226
3	2004.05.20	319槍擊事件	16	5,860.58	35
4	2008.09.19	全球金融海嘯	600	5,641.95	319
5	2011.12.21	歐洲主權債務危機	424	6,662.64	35
6	2015.08.25	人民幣與亞洲貨幣拋售危機	196	7,410.34	12
7	2020.03.20	新冠肺炎疫情（COVID-19）	7	8,681.34	2
8	2022.07.13	外資持續賣超	330	13,950.62	46

註：億元以下採無條件捨去
資料來源：坊間資料整理（2000年～2010年）、國發會（2011年以後）

的豆腐，順便一同保衛加權指數。畢竟，單靠國安基金5,000億元的規模要撐起整個股市行情是有困難的。此外，從表3中也會發現，國安基金並不是每次進場就會用掉5,000億元的數字，

所以國安基金進場與其說是護盤，倒不如說是給市場注入信心。當投資人有信心投入市場時，金融市場的恐慌才會逐漸散去。

再來，還有人會想問，你說跟著國安基金進場買就好，但有好幾次，國安基金買進之後，股價還是下跌？這方法不準吧？話不是這樣說的，畢竟國安基金背後還是由人來操盤，而不是神，他怎麼知道買進之後股價還會不會繼續跌呢？所以只能說，國安基金進場的時間點通常是股市已持續下跌好一陣子了，股價再繼續重挫的可能性比較低，這時候跟著進場，可以買在相對低點。雖然是買在相對低點，但報酬率也是相對可觀的。

對於投資千萬不要抱持錯誤的期待，想說一定要買在最低點才行。股價的最低點都是回頭看歷史線圖才知道的事情，人在當下不要被恐慌的情緒嚇跑就很棒了。試著回想最近一次遇到市場信心崩潰，回頭看出現最低點的時候，自己有加碼投資嗎？大多是沒有，對吧？其實這樣是很正常的，當股市連續下跌意味者那時景氣低迷、工作隨時不保。當工作不保時，心中的念頭往往是現金要留在手中過冬而不是進場投資，所以人往往會錯過最低點的投資機會一點都不足為奇！

高息型ETF》搭配除息操作 拉高整體資金效益

（2-2）

問大家一個問題，「如果不用特別做什麼，然後每隔一段時間戶頭就會有一筆錢進帳的話，你會不會很開心？」當然會開心，對不對？沒事就能夠領到錢，誰不喜歡啊？這也是為什麼最近幾年高息型 ETF 受到廣大投資人歡迎的原因，只要買進，就能坐領高息。

這點從 MSCI 各國殖利率的資料也可看出來，目前（2023 年 12 月）台股的現金殖利率為 3.22%，勝過中國的 2.69%、日本的 2.24%、韓國的 1.47% 和美國的 1.45%。這代表台灣的公司不但賺錢本事強，且樂於與股東分享戰利品，因此吸引了一群追求穩定「錢」途的投資者，讓高息型 ETF 的受益人數節節攀升！

同樣從證交所的統計資料來看，ETF 受益人數前 5 名中，有 4

名是高息型 ETF，其中國泰永續高股息（00878）的受益人數最高，約有 118 萬人；其次為元大高股息（0056），約有 98 萬人；復華台灣科技優息（00929）約有 48 萬人；群益台灣精選高息（00919）約有 36 萬人（註 1）。這 4 檔高息型 ETF 的受益人數加起來約有 300 萬人，等於全台灣每 13 人中，就有 1 人有買高息型 ETF，是不是很可觀？

而且，其實從以前到現在，台灣發行的高息型 ETF，填息的成功率非常高。如果填息成功率很高的話，那買了高息型 ETF 的人，會不會怕它填不了息？不會，其實大家的信心度都很高，所以就衝進去了。隨著買高息型 ETF 的投資人愈來愈多，也讓相關產品愈出愈多。

不過要注意的是，雖然很多 ETF 都強調它們是「高股息」，但本質上還是有點不太一樣的，有的類型可以讓投資人賺到一點價差，有的類型可以讓投資人領股利領得很穩定，有的類型它的現金股利就真的比別人多一點。

註 1：截至 2023 年 12 月下旬，ETF 受益人數前 5 名中，唯一一檔非高息型 ETF 的是元大台灣 50（0050），受益人數約有 67 萬人。

挑選標的》依據ETF選股策略挑合適商品

　　至於高息型 ETF 要怎麼挑比較好呢？首先，要清楚一個觀念，高息型 ETF 並不是配息次數多，績效就比較好。畢竟配息次數多，只是代表能早點領到錢，讓資金更好規畫而已，可千萬不要搞錯了！因此在挑選高息型 ETF 時，應該要以產品的選股策略來決定。

　　舉例來說，如果今天想要在 00878 和 0056 這兩檔高息型 ETF 之中挑一檔來投資，就可以把它們各自的選股邏輯抓出來看。查看後會發現，00878 是從已確定的現金殖利率中，挑出排名最高的前 30 名，而 0056 則是從資料庫的預測數據中，挑出現金殖利率最高的前 30 名。由於這 2 種選股方式都各有好處，就看投資人比較喜歡哪一種選股邏輯。

　　其次，可以進一步觀察 ETF 下面 3 項表現，並從中挑選表現優異的來投資：

　　1.ETF 填息的信用：觀察 ETF 過去幾年是否都有填息？每次配息花了幾天填息？

　　2.ETF 主力成分股的表現：如果高息型 ETF 主要成分股最近剛

好有一些利多題材持續在發酵，那 ETF 就比較容易填息。

3.ETF 的波動度：波動度低的高息型 ETF，在股市下跌時的風險也相對較小。

假如看到這，還是不知道該怎麼挑的話，很簡單，可以按照「現金殖利率」、「總報酬率」、「配息頻率」、「題材設計」，列出優先順序來進行挑選。

譬如說，比較喜歡表現穩定、熟悉度高、很容易查得到資訊的人，那 0056 會是你的一個好選擇，因為它的相關資料非常豐富，可以隨時查到它的資訊，非常適合喜歡穩健老牌高息型 ETF 的投資人。

如果想要跟上市場近年的主流趨勢，那我就會非常建議可以考慮 00878（詳見表 1）。大家要知道，主流是隨時都會改變的，可是有一個東西是不變的，就是資金的去向。像現在退休基金、國家級的投資基金等都有一個共識，就是要把投資部位移到有 ESG 認證的公司。

這部分很多的投資朋友會有個疑問，「沒有 ESG 認證，不就

代表公司有可能會有更多方式去降低產品成本嗎？那沒有 ESG 認證的公司，成本不是就會比那些努力做 ESG 的人更有競爭力嗎？一般人都會找有競爭力的公司買產品，你怎麼會叫我去投資那種沒有競爭力的公司呢？」

No，你搞錯了，競爭力的前提是建立在「你可以拿得到訂單」這件事情上面。舉例來說，今天 A 公司成本 1 元，B 公司成本 3 元。如果客戶說，成本 3 元的 B 公司有 ESG 認證，我只買它的產品。那不好意思，A 公司如果沒有 ESG 認證的話，就算成本 Down 到 0.1 元，客戶也不會買單。拿不到訂單，成本再低都是沒有用的。

所以 ESG 為什麼會是接下來的趨勢？因為「No ESG, no money, no order（沒有 ESG，就沒有錢、沒有訂單）」。因此，當投資人知道接下來的趨勢以後，就可以考慮把資金放在跟 ESG 相關的這些主題產品上面，大方向是不會錯的。

或者，若喜歡低波動型的產品，那可以考慮 00713，這檔 ETF 以 Beta 值作為重要選股原則，除了要求高殖利率個股外，也要求個股與加權指數的波動率要偏低（詳見表 2）。

表1 想同時追求ESG、高配息者可投資00878
——不同投資類型適合的高息型ETF

投資人類型	適合標的	ETF特色
喜歡熟悉、表現穩定的標的物	元大高股息（0056）	老牌、配息有跡可循
想跟隨市場主流的產品	國泰永續高股息（00878）	以取得ESG認證企業為主，掌握長線選股邏輯
想追求最高殖利率表現	群益台灣精選高息（00919）	二段式選股，一段追求高息、一段追求成長
想要低波動又有還不錯的績效	元大台灣高息低波（00713）	以Beta為選股基準，將成分股的波動性降低，同時保有高息表現
想要月月配息	復華台灣科技優息（00929）	以科技類股的高息個股為選股目標，並將配息分配到12個月，以達到月配且配息平滑的效果

什麼是 Beta 值？ Beta 值指的是個股變動與大盤連動性，主要用來衡量系統性風險（也就是不可分散的風險）。通常 Beta 值愈大，代表股票或投資組合波動度較高。一般來說，Beta 值有 3 種可能的值，分別為大於 1、等於 1、小於 1：

1.Beta 值> 1：如果 ETF 的 Beta 值是 1.5 時，只要大盤上漲（下跌）1%，投資組合就會上漲（下跌）1.5%。

2.Beta 值＝ 1：如果 ETF 的 Beta 值是 1 時，只要大盤上漲（下跌）1%，投資組合就會上漲（下跌）1%。

3.Beta 值＜ 1：如果 ETF 的 Beta 值是 0.7 時，只要大盤上漲（下跌）1%，投資組合就會上漲（下跌）0.7%。

另外還有一種是以月配息為主要訴求的高股息產品，像是00929、中信成長高股息（00934）。這種產品主要是瞄準台灣老年化社會來臨，投資人需要每月入帳來滿足資金需求，或是一般上班族透過投資幫自己加薪的想法。這類高息型 ETF 以月配息機制取代傳統的房市包租公，在高殖利率與每月配息下迅速吸引眾多投資人的目光。

到這邊，大家應該都知道該如何挑選高息型 ETF 了。挑選好心儀的產品之後，就可以利用以下策略進行操作：

操作策略1》定期定額

高息型 ETF 第 1 種操作策略和市值型 ETF 一樣，是定期定額。只要長期持續的投入，就能夠拉低平均持有成本。之後，等 ETF 價格上揚時，就可以獲利，在此之前，還可以源源不絕地領高額

表2 **00713的Beta值較低，報酬率表現也不錯**
——元大台灣高息低波（00713）與2檔老牌ETF比較

名稱（代號）	2023年Beta值	2019年～2023年 累積報酬率（%）
元大台灣50（0050）	1.07	118.4
元大高股息（0056）	0.82	117.2
元大台灣高息低波（00713）	0.56	151.4

註：高息型 ETF 因 2023 年遇上成分股的 AI 轉型題材大漲，使得累積報酬率
　　大幅提升，並超越市值型 ETF，但這並非常態，請務必注意
資料來源：CMoney

的現金股利。

操作策略2》除息操作法

　　高息型 ETF 第 2 種操作策略是除息操作法，主要是針對那些一定會填息的高息型 ETF，去發展相關的交易策略。

　　那要怎麼知道哪些高息型 ETF 一定會填息呢？只要看它過去的填息紀錄，如果該檔高息型 ETF 以前每次配息後都有填息的話，

那未來填息的機率也會很高。

　　例如大家所熟悉的 0056，自成立以來，只有 2008 年和 2010 年沒有配息，但那是因為它的規定所導致的，後來修改規定之後，就每年都有配息了，且每次配息過後都有填息。像 0056 這種填息紀錄良好的高息型 ETF，就很適合拿來做除息相關的操作。

　　至於高息型 ETF 有哪些除息相關的操作呢？主要可以分為「除息前」和「除息後」2 種：

1.除息前

　　高息型 ETF 除息前的操作非常簡單。如果你知道今天這檔高息型 ETF 配息之後，一定會填息，就可以在它除息前買進，然後一直放到它填息後再將之賣掉，這樣不但資金不會被卡住太久，還能夠賺進現金股利，是不是很棒？

　　就好比 0056 在 2023 年 5 月底宣布從年配改為季配之前，每年都在 10 月左右進行配息的動作，這時候交易都會爆大量，表示在它除息之前，就有一堆人搶著先買，然後等到填息之後就

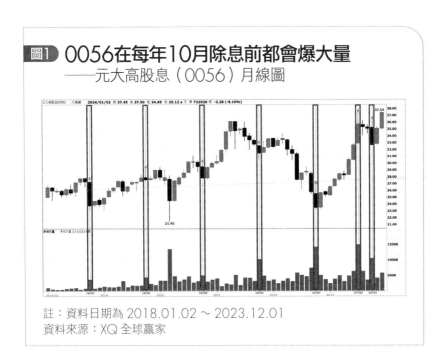

圖1 0056在每年10月除息前都會爆大量
——元大高股息（0056）月線圖

註：資料日期為 2018.01.02 ～ 2023.12.01
資料來源：XQ 全球贏家

趕快賣掉。而 0056 改為季配之後也差不多，在 2023 年 7 月
和 10 月配息時，都有出現爆大量的情形（詳見圖 1）。

2.除息後

高息型 ETF 除息後的操作叫「除息爆量法」。大家都知道，市
場上有些 ETF，因為過去表現很穩定，只要在某個便宜價出現以

後，股價就可能會反彈上來。那面對這種 ETF，投資人會有一個很特殊的天性，就是在它跌到某個特定價位時，會覺得它超划算、超便宜，然後一窩蜂地衝進去拚命買。例如 0056，就是這種類型的 ETF，它只要下跌到某個價位，就會出現爆大量。

至於是跌到多少價位時會發生？說實在的，針對 0056 沒有特定的價格，可是投資它的人有特定的行為模式。

舉例來說，0056 在 2022 年 10 月除息，之後當價格下跌到某一個價位的時候，就開始出現成交量暴增的情況。如果在 0056 除息後成交量「爆大量」時，投資人就跟著買，通常都可以買在相對便宜的價位，之後只要等價格反彈上來，就可以賺一筆（詳見圖 2）。

至於什麼叫爆大量呢？爆大量是指跟該檔高息型 ETF 過去的年均成交量相比，成交量出現 2 倍以上的數量。例如說，某檔高息型 ETF 過去的年均成交量是 1,000 張，結果投資人發現今天有 2,000 張的成交量，這就叫做爆大量。也就是說，爆大量並不是一個絕對數值，必須和過去年均成交量相比才能知道是不是有爆大量。

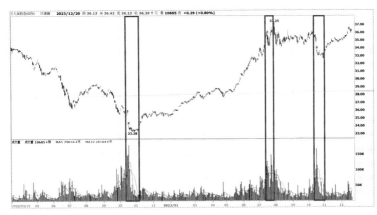

圖2 0056除完息後爆大量通常是低點
——元大高股息（0056）日線圖

註：資料日期為 2022.03.15 ～ 2023.12.20
資料來源：XQ 全球贏家

那年均成交量可以去哪裡查呢？若願意花錢的話，很多商用資料庫都會提供。或者，也可以像我一樣，土法煉鋼，先去證交所網站把該檔高息型 ETF 的近 1 年的「個股日成交資訊」抓到 Excel 上，再套用公式算年平均，就可以得出年均成交量了。之後只要等該檔高息型 ETF 除息後出現爆大量的情況，就可以分批買進，然後抱住，等它股價漲上來就行。

操作策略3》建立月月配組合

第 3 種操作策略是建立月月配組合，有什麼好處呢？

1. 拿到錢的時間變快了（以年配基準來看）。

2. 課徵二代健保補充保費的機率下降。請注意表 3 非以雇主或自營業主身分投保的關鍵字「單次給付」，這是指二代健保補充保費只針對單次領息超過 2 萬元的部分課徵。也就是說，如果是年配息，一年一次領 22 萬元會被課徵二代健保補充保費，但若年領總額同樣是 22 萬元，但是改成月配息，改成每月約領 1 萬 8,300 元，就可以避開二代健保補充保費的課徵（詳見表 3）。

其實以前台灣發行的高息型 ETF 大部分都是年配，可最近很多高息型 ETF，都開始往季配或月配的這個方向走，這部分就是投信公司配合投資人對於領股息的需求而調整。

最近退休議題很夯，退休之後，投資的商品是否能夠帶來一些現金流，是很重要的。如果一年才領一次，緩不濟急，所以投信公司近年推出的高息型 ETF，配息時間間隔愈來愈短。而一些原本年配的高息型 ETF，也慢慢在調整它的配息時間，比如說

表3 股利單次給付達2萬元，需繳健保補充保險費
──二代健保補充保險費之上、下限

計費項目	投保身分	下限	上限
股利所得	以雇主或自營業主身分投保	單次給付金額超過已列入投保金額計算部分達2萬元	單次給付以1,000萬元為限
	非以雇主或自營業主身分投保	單次給付達2萬元	單次給付以1,000萬元為限

資料來源：衛生福利部中央健康保險署

0056，它原本是年配，可是從2023年下半年就開始改成季配。

由於不同的高息型ETF，配息的時間會不大一樣，所以，如果在配息上面有一些需求，想要多次領息的話，就可以利用不同產品的配息時間點差異來建構月配息的效果。

舉例來說，0056的除息時間是1月、4月、7月、10月；00878的除息時間是2月、5月、8月、11月；00713的除息時間是3月、6月、9月、12月。若把這3檔高息型ETF一次買起來，就可以月月領息了（詳見表4）。

表4 只要善加搭配高息型ETF，月月都能領息

代號	名稱	配息頻率	上市日期	1	2	
00730	富邦臺灣優質高息	年配	2018.02.08			
00701	國泰股利精選30	半年配	2017.08.17	✓		
0056	元大高股息		2007.12.26	✓		
00927	群益半導體收益		2023.06.06	✓		
00731	復華富時高息低波		2018.04.20		✓	
00878	國泰永續高股息		2020.07.20		✓	
00900	富邦特選高股息30		2021.12.22		✓	
00932	兆豐永續高息等權	季配	2023.09.01		✓	
00713	元大台灣高息低波		2017.09.27			
00915	凱基優選高股息30		2022.08.09			
00918	大華優利高填息30		2022.11.24			
00919	群益台灣精選高息		2022.10.20			
00907	永豐優息存股	雙月配	2022.05.24		✓	
00930	永豐ESG低碳高息		2023.07.13	✓		
00929	復華台灣科技優息		2023.06.09	✓	✓	
00934	中信成長高股息	月配	2023.11.01	✓	✓	
00936	台新永續高息中小		2023.11.08	✓	✓	

註：1.「復華富時高息低波」原簡稱「FH富時高息低波」；2.0056、00713、
　　00731已從年配改為季配；00930預計2024年7月首次配息

──台灣高息型ETF除息月份

除息月份									
3	4	5	6	7	8	9	10	11	12
							✓		
					✓				
	✓			✓			✓		
	✓			✓			✓		
		✓			✓			✓	
		✓			✓			✓	
		✓			✓			✓	
		✓			✓			✓	
✓			✓			✓			✓
✓			✓			✓			✓
✓			✓			✓			✓
✓			✓			✓			✓
	✓		✓		✓		✓		✓
✓		✓		✓		✓		✓	
✓	✓	✓	✓	✓	✓	✓	✓	✓	✓
✓	✓	✓	✓	✓	✓	✓	✓	✓	✓
✓	✓	✓	✓	✓	✓	✓	✓	✓	✓

資料來源：證交所

　　那如果投資人懶到最高點，不想自己組合的話，也可直接用 1 檔產品達成月配息效果。例如可選擇月配型的 00929、00934、台新永續高息中小（00936）等、統一台灣高息動能（00939）。不過要注意的是，00929、00934、00936 和 00939 這 4 檔月配的高息型 ETF，都是在 2023 年 6 月以後才掛牌，因此，在配息穩定度、填息信用等方面，還需要更多時間檢驗才能確認。

　　基本上，會投入高股息產品的投資人多是有長期現金股利的需求，所以除非有這 2 種狀況，不然多會採用繼續累積的策略進行：

　　1. **股價在短期間暴漲**：例如在 2023 年高息型 ETF 普遍繳出 40% 的績效表現（詳見表 5），這並不是一種常態的現象，而是因為成分股中有大量的電腦零組件類股。這些高息的電子零組件類股遇上了人工智慧（AI）題材，搖身一變為飆股，股價短期大漲，帶動了高股息 ETF 的績效暴增，這相當於原本一年打算領個 5% 殖利率，卻沒想到 1 年內送上了 10 年的股利。這時候應考慮至少先出清一半，來保住這少見的市場特殊行情。

　　2. **發現更適合的產品**：在每個投資階段對於不同投資策略的

表5 **2023年高息型ETF因碰上AI題材，報酬率狂飆**
——2023年高息型ETF報酬率表現

代號	名稱	2023年報酬率（%）
00915	凱基優選高股息30	59.4
00918	大華優利高填息30	57.8
0056	元大高股息	57.5
00919	群益台灣精選高息	47.2
00713	元大台灣高息低波	46.0
00878	國泰永續高股息	44.5
00900	富邦特選高股息30	42.5

資料來源：CMoney

認同方向會不一樣，有時當下的最好選擇，會在出現新 ETF 時改變。此時，就應該考慮出清舊標的物換成新標的物。例如早期高息型 ETF 配息次數僅有 1 次，但後來出現月配息產品，投資人若發現更符合自己的現金流需求，此時就應該換成更適合自己的標的物。

債券型ETF》隨漲抗跌 小資金也能穩穩收息

2-3

在金融市場裡面，你知道投資人最常遭遇到的狀況是什麼嗎？答案是驚濤駭浪。因為常常有很多突發的事情發生，像是之前有英國脫歐、中美貿易戰、新冠肺炎（COVID-19）疫情……。好好一個金融市場，被搞得好像天天危機四伏一樣，新聞打開一看，嚇都嚇死了。

那有沒有什麼方式，可以讓投資人穩穩度過這些災難呢？有！就是搭上具「隨漲抗跌（註1）」特性的債券方舟，靠它保平安。那今天在這邊就是要教大家，怎麼搭上這一艘救命的方舟。

投資ETF前，先理解債券6基本名詞

由於債券型 ETF 是持有一籃子的債券，所以下面先來看有關債

券的介紹。前面 1-2 有提到，債券其實是一種借據，而買債券就等於當債主的意思。一般來說，建議大家在投資債券前，要先理解以下幾個名詞：

1.面額（面值）

面額就是債券上寫的價值，表示每張債券值多少錢。

2.票面利息

票面利息是指購買這張債券的人，每年可以收到多少利息，這個數字是固定的。通常債券發行條款的簡章上會寫票面利息是多少，但在正式票券上，只會有票面利率（以年利率表示）跟發行價（即債券面額），票面利息要自己算（將債券面額乘以票面利率，就可以算出票面利息）。

3.到期日

到期日就是債券的還錢日期，到了這一天，購買這張債券的人就可以把原本借出去的錢拿回來了。

註 1：隨漲抗跌是指在市場行情上漲時，資產價格能跟著上漲；在市場行情下跌時，資產價格的跌幅也相對較小。

　　而債券依到期日時間不同，又可分為沒有債券到期日的「永續債券」；債券到期日 10 年以上的「長期債券」；債券到期日 3 年～10 年的「中期債券」，以及債券到期日 3 年以下的「短期債券」4 種。其中，較常見的是長期債券和短期債券。

　　一般來說，債券到期日愈久、變數愈高，殖利率也會比較高；反之，債券到期日愈短、變數愈少，殖利率會稍微低一點。但在某些特殊狀況下，短期債券的殖利率有可能會高於長期債券的殖利率。像是如果市場預期央行將大幅升息，那麼短期債券的殖利率將會快速上升，甚至高過長期債券的殖利率。當短期債券的殖利率高於長期債券的殖利率時，就叫做「殖利率曲線倒掛」，通常被視為經濟衰退的先兆。

4.債券價格

　　債券在市場上的價格會不斷變動，可能會高於或低於它的面額。由於債券價格和殖利率會呈反向關係，所以當債券價格高的時候，債券的殖利率就會變低；債券價格低的時候，債券的殖利率就會變高。

　　為什麼債券價格和殖利率會呈反向關係呢？你想，假如今天你

ⓘ 投資小知識》票面利率vs.債券殖利率

票面利率＝票面利息 ÷ 債券面額 ×100％

債券殖利率＝票面利息 ÷ 市場價格 ×100％

由於債券在發行時，便已將債券面額和票面利率（以年利率表示）都寫在票券上面了，所以這兩個數字是不會變的。而票面利息是用「債券面額 × 票面利率」去計算，所以也是不會變的；也就是說，後續不管投資人是用多少價格取得該張債券，都會有相同的票面利息。

例如說債券發行時，「債券面額 100 元、票面利率 4％、每年 2 月、8 月配發一次」，表示這張債券每年可以領到債息 4 元（＝ 100 元 ×4％）。由於每年配發 2 次債息，所以每次可領到債息 2 元（＝ 4 元 ÷ 每年領 2 次）。由於債券的面額和票面利率不會改變，所以無論什麼時候、什麼價格買進，這張債券的票面利率都是 4％、票面利息都是每年 4 元。

但債券殖利率就不一樣了，是會隨著市場價格而不斷變動的。當債券在市場流通後，它的價格會開始浮動。投資人若以 90 元買進該債券，但仍每年領到票面利息 4 元，那麼對取得該張債券的投資人而言，債券殖利率為 4.44％（＝ 4 元 ÷90 元 ×100％）。

持有一張債券，上面寫著每年都會有一筆利息進你的口袋。那如果市場上新發行的債券提供更高的利息，其他投資者就會去搶這些新的債券，因為能賺更多錢嘛！這時候，你手上的舊債券就變得「不那麼搶手」了，因為新的債券利息比較高。為了讓舊的債

券更有吸引力，它們的價格就會下降。

反過來說，如果今天是新發行的債券利息較低，那麼投資人可能會更喜歡原本的舊債券，這時候舊債券的價格就會上升。也因為這樣，使得債券的殖利率跟價格會呈現反向關係，當一個上升時，另一個就會下降！

5.信用評等

信用評等是信評機構用來評估一家公司能不能按時還錢的方法。目前全球有 3 家很有名的信評機構，分別是標準普爾（S&P）、惠譽（Fitch）和穆迪（Moody's）。在買債券的時候，一定要認識這 3 家公司，因為它們所發出來的信用評等，會影響到債券的殖利率。

通常高信用評等的公司因為信譽好，所以發行的債券許多人搶著買，所以價格較高，殖利率較低。相反的，低信用評等的公司因為信用差，所以需要用較高的殖利率來吸引投資人購買，價格相對較低。

信用評等主要有幾個重點：首先是記住「A、B、C」這 3 個英

表1 AAA或Aaa等級還款能力最強
──全球3大信評公司信用評等

還款能力	債券級別	標準普爾 （S&P）	惠譽 （Fitch）	穆迪 （Moody's）
強 ↑	投資等級債	AAA	AAA	Aaa
		AA	AA	Aa
		A	A	A
	非投資等級債 （過去又稱高收益 債、垃圾債）	BBB	BBB	Baa
		BB	BB	Ba
		B	B	B
		CCC	CCC	Caa
		CC	CC	Ca
弱 ↓		C	C	C

註：1.標準普爾和惠譽在AA至CC各級均可再以「＋」、「－」號細分；2.穆迪在Aa至Caa各級均可再以「1」、「2」、「3」區分，數字愈小愈優秀；3.標準普爾和惠譽還有D級，表示企業破產、債務違約
資料來源：各信評機構網站

文字，其中A最好、B次之，再來是C。接著是英文出現的次數愈多，公司還款能力就愈強，例如標準普爾和惠譽的AAA還款能力會優於AA、而穆迪的Aaa還款能力會優於Aa（詳見表1）。最後則是標準普爾和惠譽的「＋」比沒寫或「－」優秀，例如

AA+ 會優於 AA 和 AA-，而穆迪的數字愈小也愈優秀，例如 Aa1 會優於 Aa2 和 Aa3。

一般會把 BBB（Baa）等級以上的債券，稱為「投資等級債」，代表是「高信用、低風險」的債券，而 BB（Ba）等級以下的債券，則稱為「非投資等級債（註2）」，代表是「低信用、高風險」的債券。

如果看到這已經頭昏腦脹的話，別擔心，我想了一個諧音哏，其中 A 代表「A 錢」，當債券裡面 A 的錢愈多，代表愈安全。B 代表「B（逼）債」，要稍微催一下才會吐錢，當你 B 愈多次，公司吐得錢就愈多。

那至於 C 的話，代表「C（吸）血」，是把投資人的錢 C 出去，所以只要看到 C，就表示安全性不是很好。「A 錢」、「B 債」、「C 血」，大家只要記住這 3 個就好。

6.債券種類

債券依發行人不同，會有不同名稱。像是美國政府發行的債券就叫「美國公債」；美國公用機關發行的債券就叫「市政債」；

新興國家政府發行的債券就叫「新興市場債」或「主權債」；優質企業發行的債券叫做「投資等級債」；違約風險高的企業發行的債券叫「非投資等級債」；特定產業（如電信業、金融業等）發行的債券叫「產業債」等。不同債券種類，有不同的功用（詳見表2）。

若從風險的角度來看，美國政府公債是最安全的債券，只有利率風險；其次為美國公用機關債券，有利率風險和信用風險；再來則是美國的公司債（含投資等級債、產業債和非投資等級債），有利率風險、信用風險和流動性風險；最後則是新興市場債，除了有利率風險、信用風險和流動性風險之外，還有匯率風險。

由於風險性高的產品，通常要有較高的殖利率才能夠吸引到投資人，所以風險愈高，殖利率也會愈高。若用殖利率由高至低排序的話就會變成是：美國非投資等級債＞美國產業債＞新興市場債＞美國投資等級債＞美國公用機關債券＞美國政府公債。

註2：非投資等級債過去又被稱為垃圾債、高收益債，但有許多人因為「高收益」這3個字而對產品有錯誤的投資認知，例如誤以為高收益債可以保證安全且且高收益，或相對無風險等，所以2021年時，金管會為了避免投資人誤解，統一要求將「高收益債」名稱修改為「非投資等級債」。

債券型ETF交易方便，且無傳統債券報價問題

由於債券可以固定領息、且到期能夠拿回本金，具有「到期保本」的功能，所以很受投資人的青睞。但因為債券的初始投資金額高（買 1 張要新台幣 300 萬元），所以實際上多數投資人所謂的「買債券」，指的都是投資「債券型 ETF」商品。現在券商大多有推出小額債券的購買功能，將門檻降至新台幣 50 萬元以下，有興趣可以跟券商詢問看看。

那債券和債券型 ETF 有什麼差別呢？最主要的差異在於債券有「到期保本」功能，但債券型 ETF 沒有，這是要特別留意的地方。另外就是債券型 ETF 的利息不像債券一樣是固定的，會有小幅度變動。且不是所有債券型 ETF 都會配息，若是它所持有的債券期限較短，或信用評等較差，就有可能不配息。

為什麼債券型 ETF 會沒有「到期保本」功能呢？這是因為債券型 ETF 是持有一籃子的債券，而這些債券的到期日可能會分散在不同的時間點。每當債券型 ETF 投資組合中有債券到期時，基金經理人就會重新調整投資組合，跑去購買新的債券進來，以維持基金的特定特性，這樣的操作策略讓債券型 ETF 無法提供「到期

表2 美國短期公債是短期資金的避風港
——不同債券種類比較

類別	名稱	功用	適用對象
美國政府公債	長天期美債	波動大、常用於股債搭配	以股債配置為考量的投資人
	短天期美債	追求安全與比定存高的利率	尋求短期資金避風港
美國公用機關債券	市政債	相當於美國地方政府或是公共事業發行的債券，有較高的收益表現	不滿於美債殖利率，想追求更高表現
美國公司債	投資等級債	又稱為IG債，因違約率高於美債而換來更佳的殖利率表現	不滿於美債殖利率，想追求更高表現
	產業債	相同等級但不同產業的債券殖利率也有所不同，例如金融債、電信債，會比相同等級的公司債多出0.3%～0.5%債券殖利率	對特定產業有偏好，或是想追求同等級債券下更佳的殖利率表現
	非投資等級債	高違約率評價企業，波動經常與股市同向，殖利率與高股息股票相近	不在乎違約率，只要殖利率高，可接受本金短期內有較高波動
新興市場債	新興市場債	新興市場政府公債，有較高違約率與匯率風險，殖利率介於投資等級債和非投資等級債之間	

保本」的功能。

　　不過雖然債券型 ETF 沒有到期保本的功能，但還是有許多優點，像是投資金額低（買 1 張只要 3 萬元～ 5 萬元）、交易方便、無買進賣出報價差異問題、可節稅（註 3）、持有一籃子債券可分散風險、可做 RP 交易（註 4），增加收益來源等（詳見表 3）。

挑選標的》從5方向篩選合適債券型ETF

　　既然債券型 ETF 的好處那麼多，那下面就來教大家應該要如何挑選適合的債券型 ETF，主要有 5 個評選方向：

1.讀懂信用評等分布

　　前面已經有教大家怎麼看信用評等了，主要就是記住「A 錢」、

註 3：債券型 ETF 不用繳證交稅（直到 2026 年），且因為連結的是海外標的，所以屬於海外所得，一般人基本所得在 670 萬元以內的話免稅，且不用繳二代健保補充保費。

註 4：RP 交易是一種短期金融交易，由交易雙方約定以特定價格和期限進行債券買賣。交易的一方，通常是銀行或金融機構，稱為賣方；另一方，通常是企業或機構投資者，稱為買方。

表3 債券型ETF沒有到期保本功能
——債券vs.債券型ETF

	債券	債券型ETF
優點	到期保本（債券無違約狀況下）、每期配息數字固定、可節稅	投資金額低（買1張只要3萬元～5萬元）、交易方便、無買進賣出報價差異問題、可節稅、一籃子債券可分散風險、可做RP交易、增加收益來源、有季配與月配息的形式可供選擇
缺點	初始投資金額高（買1張要300萬元）、投資期限長、中途賣出有買進賣出報價損失、有單一標的物違約下市風險	無到期保本功能、配息數字小幅變動

「B債」、「C血」這3個要點。

如果是第1次買債券型ETF的話，會建議盡量都挑A比較多的債券，保障比較高。

2.研讀ETF基金月報資料

債券型ETF的基金月報可以上發行該檔ETF的投信公司官網查詢，主要可以觀察它的淨值、總報酬、費用（含經理費、保管費等）、信用評等權重分布、產業分布、配息政策等，看看是否符

合投資人的需求。

3. 確認債券型ETF的規模

債券型 ETF 的規模愈大愈好。規模愈大,就代表買的人愈多、流動性愈高,也愈不容易下市。

4. 確認債券型ETF的折溢價是否異常

如果債券型 ETF 的折溢價過大,表示該檔債券型 ETF 存在一定的風險。因此,投資人可以盡量挑選折溢價小的債券型 ETF。不過,現在的債券型 ETF,折溢價都已經做得很好了,大部分都可以控制在 1% 以內,只有少數 2 種情況,可能出現折溢價偏高的狀況:

①**債券型 ETF 剛上市**:因為新上市的 ETF,有些投資人在募資期間沒有買到,可能就會在開市的第 1 天買進。通常 ETF 新上市的第 1 週,容易產生大幅的折溢價。

②**債券型 ETF 的發行籌碼不夠**:倘若想買進的人很多,但因為籌碼少,就會導致它的折溢價變得比較大。

可是撇除這 2 種特殊情況之後,其實市場上大部分債券型 ETF

的折溢價都是控制在合理的 1% 內，所以我覺得多數 ETF 折溢價的問題應該不嚴重。

5.確認債券型ETF的殖利率是否適當

這點從債券型 ETF 的名稱上，就可以大致看出端倪，例如：

①**債券型 ETF 名稱有「美債」**：表示 ETF 投資組合持有的是一籃子美國政府公債，代表「穩、高信用」，通常殖利率較低。

②**債券型 ETF 名稱有「市政債」**：表示 ETF 投資組合持有的是一籃子美國公用機關債券，代表「高信用」，殖利率比美國政府公債稍高。

③**債券型 ETF 名稱有「A & AAA」或「IG」**：表示 ETF 投資組合持有的是一籃子美國投資等級債，代表「中高信用評等、低風險」，殖利率不高。

④**債券型 ETF 名稱有「金融債、電信債、醫療債」**：表示 ETF 投資組合持有的是一籃子美國產業債，殖利率視 ETF 持有的債券信用評等而定。

⑤**債券型 ETF 名稱有「非投等債」**：表示 ETF 投資組合持有的是一籃子非投資等級債，代表「低信用評等、高風險」，殖利率較高。

⑥**債券型 ETF 名稱有「新興、亞洲、EM 主權債」**：表示 ETF 投資組合持有的是一籃子新興市場債，代表「富貴風雨伴相隨」，殖利率高。

投資人除了確認 ETF 的殖利率是否適當以外，也別忘記查看 ETF 過往的配息紀錄，看看是否有異常狀況發生。

總之，債券型 ETF 與其他的投資商品相同，要求的保障愈高，則收益性愈差。雖然常有投資人詢問，直接購買債券收益更高、到期也保本，為什麼不直接購買債券？那其實是因為投資人忽略了幾件事情：

1. 直接持有債券需要持有到期才能保本。
2. 持有期間想提前出售，需折價（債券買入價與賣出價是不同報價）。
3. 債券多以美元計價，會有匯率風險。

如果投資人有外幣帳戶，也沒有立即換匯的需求，且能持有至債券到期，那直接購買美債也是不錯的選擇。若不符合上述條件，那就要自己想清楚，哪種工具形式更適合自己。

表4 生活所有雜支都可靠產業債ETF買單

——各種帳單適用的產業債ETF類型

帳單類型	適用ETF類型	舉例
電信網路	電信債ETF	群益投資級電信債（00722B）、中信全球電信債（00863B）、新光A-BBB電信債（00867B）等
必備3C	科技債ETF	群益投資級科技債（00723B）、凱基科技債10+（00750B）、國泰A級科技債（00781B）等
信用卡	金融債ETF	群益投資級金融債（00724B）、中信優先金融債（00773B）、國泰A級金融債（00780B）等
水電瓦斯	公用事業債ETF	群益投資級公用債（00755B）、國泰A級公用債（00782B）等
醫療保險	醫療債ETF	元大10年IG醫療債、（00787B）、群益AAA-A醫療債（00793B）、國泰A級醫療債（00799B）等

知道怎麼挑債券型 ETF 後，接著就來教如何操作債券型 ETF：

操作策略1》用產業債ETF繳各種帳單

債券型 ETF 的第 1 種操作策略就是用產業債 ETF 來幫繳各種帳單。相信大家都有聽過，如果老婆去買了一個 LV 包，那老公就可以去買 LV 的股票，靠股票賺的錢去抵包包的費用，而這裡要

介紹的第 1 個操作策略也是有類似的道理，大家可以看看每天有哪些花費，然後去買相對應的債券型 ETF 來幫忙付錢。

例如，用 5G 網路、Wi-Fi，就靠電信債 ETF 幫忙出錢；3C 產品，像是手機、平板電腦、電動遊戲機等，就靠投資科技債 ETF 幫忙出錢；銀行業務辦理，像是存錢、辦信用卡等，就靠金融債 ETF 幫忙出錢；繳水電瓦斯費，就靠公用事業債 ETF 幫忙出錢；照顧全家大小身體健康，就靠醫療債 ETF 幫忙出錢（詳見表 4）。

所有日常的支出、所有的雜項，全部都有相關的產業債 ETF 可以幫忙解決，是不是很讚？

操作策略2》建立月月配組合

債券型 ETF 的第 2 種操作策略是建立月月配組合。與高息型 ETF 月月配的方式類似，債券型 ETF 也可以選擇組合季配型 ETF，例如將 1 月、4 月、7 月、10 月配息的富邦美債 20 年（00696B），2 月、5 月、8 月、11 月配息的元大美債 20 年（00679B），以及 3 月、6 月、9 月、12 月配息的永豐 20年美公債（00857B）組合在一起，變成一個長期美國政府公債

表5 用不同配息月份的債券型ETF，組月月配組合
——債券型ETF配息月份

配息月份	標的
1、4、7、10	富邦美債1-3（00694B）、富邦美債7-10（00695B）、富邦美債20年（00696B）、元大美債1-3（00719B）、元大投資級公司債（00720B）、國泰投資級公司債（00725B）、富邦全球投等債（00740B）、富邦A級公司債（00746B）等
2、5、8、11	元大美債20年（00679B）、群益AAA-AA公司債（00754B）、新光投等債15+（00775B）、中信美國公債20年（00795B）、凱基IG精選15+（00840B）、凱基AAA-AA公司債（00841B）、群益1-5Y投資級債（00860B）等
3、6、9、12	元大美債7-10（00697B）、元大AAA至A公司債（00751B）、凱基AAA至A公司債（00777B）、凱基美債25+（00779B）、群益A級公司債（00792B）、新光美債1-3（00831B）、永豐10年A公司債（00836B）、永豐1-3年美公債（00856B）、永豐20年美公債（00857B）、群益0-1年美債（00859B）、中信投資級公司債（00862B）、中信ESG投資級債（00883B）等
每月	中信高評級公司債（00772B）、中信優先金融債（00773B）

資料來源：玩股網

的ETF組合，月月領息（詳見表5）。

倘若覺得自組月月配ETF很麻煩的話，也可以直接挑選每

月配息的中信高評級公司債（00772B）、中信優先金融債（00773B）來投資。

另外，要注意的是，群益 ESG 投等債 20+（00937B）、統一美債 20 年（00931B）和國泰 10Y+ 金融債（00933B）都是在 2023 年下半年才開始上櫃交易，所以配息信用方面仍有待觀察。

其他ETF》波動相對較高 適合用定期定額分批投入

2-4

2-1 ～ 2-3 介紹完最多人感興趣的市值型 ETF、高息型 ETF 和債券型 ETF 以後，接下來，還會再幫大家介紹一些其他 ETF，像是 5G ETF、資安相關 ETF、房地產型 ETF、海外 ETF 等。下面會先介紹各類型 ETF 的差異，最後再說明各種 ETF 相關的投資策略：

5G ETF》未來重要趨勢，相關應用涵蓋各行各業

翻開台灣目前上市櫃的 ETF 可以發現，適合長期投資的 ETF 中，扣除掉市值型 ETF、高息型 ETF 和債券型 ETF 以後，占比較大的是科技型 ETF，像是 5G ETF、電動車 ETF、半導體 ETF 等等。在這些 ETF 當中，有一個東西是關鍵中的關鍵，那就是「5G」。

5G 是指「第 5 代行動通訊技術」，是最新一代行動通訊技術，

也就是網路的部分。為什麼 5G 很重要呢？因為 5G 的應用涵蓋了各行各業。譬如說現在很流行的電動車自動駕駛功能，特色是只要聯網，它就可以自己開車。

那聯網要不要用 5G？要，對不對？而且不只電動車自動駕駛需要 5G，近幾年上市的電子產品，很多都標榜有 5G 的高速。另外還有一些網通產業，也全部都用 5G 串在一起。所以 5G 不僅是未來服務應用，更是巨大的投資機會。

根據產業研究機構 Precedence Research 報告估計，2021 年全球 5G 服務市場規模為 675 億 4,000 萬美元，預計到 2030 年將達到 1 兆 8,700 億美元左右。其中，2022 年至 2030 年的預測期間，複合年增長率（CAGR）將達 44.63%（詳見圖 1）。

所以，如果你要問，未來哪一個東西持續受到矚目？我會告訴你，買跟通訊相關的 5G ETF 就對了，因為這就是一個「趨勢」的概念（註 1）。

註 1：5G 屬於通訊技術的一種，會持續演進，故現階段名為 5G 的 ETF 未來可能會改名為 6G 或是通訊。

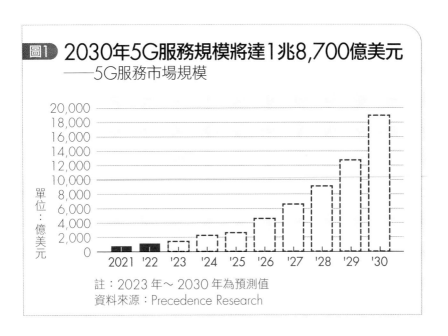

圖1 2030年5G服務規模將達1兆8,700億美元
——5G服務市場規模

單位：億美元

註：2023年～2030年為預測值
資料來源：Precedence Research

而且不要忘了，通訊技術是升級的概念，5G正在使用，6G已在討論何時大規模商用化，7G則是討論技術方案。人根本無法離開通訊網路的需求，不論現在或未來都是現代生活的一環！

我以前在工作的時候，大家都說，想做技術的開發，要先懂2個英文字：「Big Trend（大趨勢）」。先知道大趨勢在哪裡之後，技術開發、投資才會往對的方向去走。

　　所以，如果現在開始投資的話，一定要納入 5G 的趨勢。那 5G 這個趨勢以後會不會消失？不會，頂多就是升級到 6G、7G⋯⋯，但概念都是相通的。只要大家都還在用網路，這個商機就會很龐大。

　　目前台灣跟 5G 相關的 ETF，像是元大全球未來通訊（00861）、元大全球 5G（00876）、國泰台灣 5G+（00881）等，價格都還算平價，每張只要 35 元以下就能搞定，而且它們在 2023 年年初至 2023 年 12 月 25 日的報酬率，都有 30% 以上（詳見表 1）。

　　另外還有一檔復華中國 5G（00877），之前因為中國被美國打壓，所以表現稍弱，但隨著中國「十四五規劃」以大數據、5G、互聯網等科技為基礎的新興經濟成為布局重心，後續仍是有可能翻身的。

資安相關ETF》聯網產品增多，資安重要性提升

　　所謂的資安是「資訊安全」的縮寫，相關產業包含防毒軟體、入侵偵測系統、網站安全、雲端安全、物聯網安全等。而資安相

表1 5G ETF股價都在35元以下
——5G ETF資訊

名稱（代號）	2023.12.25股價（元）	近1年報酬率（%）
國泰台灣5G+（00881）	18.14	39.73
元大全球5G（00876）	33.12	38.12
元大全球未來通訊（00861）	34.50	33.62
復華中國5G（00877）	9.83	11.70

註：1. 報酬率統計至2023.12.25；2. 依照ETF近1年報酬率由高至低排序
資料來源：MoneyDJ理財網

關的ETF，例如國泰網路資安（00875），就投資這一類與資安相關的產業。

為什麼要特別提到資安呢？因為隨著科技不斷進步，愈來愈多產品離不開網路。但網路也有可能會不安全，像是可能被駭客攻擊導致資料外洩等，而這部分就和網路資安有關了。

不知道大家記不記得，前幾年有個新聞鬧很大，就是很多公司的電腦都有被「勒索病毒」給攻擊。勒索病毒是電腦病毒的一種，它會偷偷進入到電腦，把檔案加密，然後彈出一個訊息說：「嘿，

如果你想要把你的檔案還原成原本的樣子，就要給我一筆錢！」由於這種方式就好像是電腦被對方給綁架了一樣，所以叫做勒索病毒。如果不在期限內付錢的話，檔案就救不回來了。

　　資安，其實就有點類似「IT 保險」的一個概念。如果沒有出事，就不太會關心，可是只要被勒索病毒勒索過一次，就會發現，與其一次被勒索數十億元，如果把錢投資在資安服務的話，可能只需要被勒索的錢的一部分，就能保障公司的資訊安全。

　　而且，資安相關的 ETF 有個特性，只要市場上有一家公司傳出被勒索病毒勒索的消息，就會刺激資安相關成分股往上走，進而使資安相關的 ETF 股價上漲。只要大家未來還會繼續使用網路，資安的需求就會一直在，它是一個長期的趨勢。而且，隨著未來 6G 通訊、7G 通訊技術上線、車聯網的技術愈來愈成熟，更大量的數據資料通過雲端送到伺服器計算，那資安的重要性只會愈來愈高。

房地產型ETF》不必持有房產，便能賺租金或利息

　　房地產型 ETF 指的是「不動產投資信託（REITs）」，讓投資人

不必實際擁有一棟大樓或土地就可以參與房地產市場。

前面 1-2 有提到，REITs 可分為抵押型、權益型和混合型 3 種。其中，抵押型 REITs 賺的是借錢給人的利息，權益型 REITs 賺的是租金收入和管理費用，而混合型 REITs 則是賺取租金收入和利息收入。那市場在討論 REITs 投資的時候，大多是指權益型 REITs 這種商品。

權益型 REITs 的概念就是集合所有人的錢去買商業大樓。如果今天商業大樓有一些收益的話，就把它平均分給持有 REITs 商品的投資人。這就好像是包租公的概念，買進之後躺著就會有錢進來，而且不用處理換燈泡、修水電那些繁瑣的事情，拿到的錢也是純粹的收益。所以，如果立志當包租公的話，就可以考慮透過權益型 REITs 這樣的產品，來獲取收益。

目前台灣發行的 REITs 共有 3 檔，分別是復華富時不動產（00712）、群益道瓊美國地產（00714）和富邦入息 REITs+（00908）。其中，00712 是屬於抵押型 REITs，00714 和00908 這 2 檔則是屬於權益型 REITs。由於市場是以討論權益型REITs 為主，所以可以將目光放在 00714 和 00908 身上。

00714 和 00908 都是季配 ETF，除息月份皆是 1、4、7、10 月，主要不同在於 00714 是投資美國市場，而 00908 則是投資全球型市場。那如果對於美國房地產有信心，就可以考慮 00714；或者說，如果想把目光放在全球的房地產，那選 00908 就好。

海外ETF》透過台灣投信發行ETF，輕鬆投資世界

許多人在投資的時候，都很羨慕有錢人可以買下全世界，不但可以分散風險，還可以賺進全世界的錢。雖然很想學有錢人的做法，可問題是錢不夠，那要怎麼辦呢？

如果錢不夠，又想投資全球市場的話，去做海外的房地產投資，這個肯定是有困難的，對不對？難度超高的。那如果去買海外的股票可不可以？可以是可以，但很麻煩。

如果是透過國內複委託買海外股票的話，不但投資標的種類較少，手續費也不便宜；如果挑的是海外券商的話，錢還要匯到海外去，而且這筆錢又不能夠隨便動用，交易過程又全部都是英文，想到就頭痛。其實，對很多投資人來講，光在資金的轉匯跟語言

這一塊，就造成投資海外股票一定程度的障礙。而且，今天如果跑去買國外股票，還會有外國人稅率的問題，那個稅率也是扣滿高的。

既然這也不可以，那也不行，投資人應該要怎麼辦？最簡單的方式，就去買台灣投信發行的海外 ETF 就好了。其實我認為，投資有個重要關鍵，那就是要怎麼把這件事情簡單化？簡單的事情才有辦法持續做，才會成功。

那海外投資最簡單的方式，就是透過持有台灣投信發行的海外標的 ETF，這樣就可以做到跟有錢人一樣參與海外市場，去做分散布局，非常的簡單。而且，因為發行海外 ETF 的機構都是台灣人，也不用擔心說遇到詐騙集團，或錢匯出去就找不到了，其實相對安全很多。

至於海外 ETF 要怎麼選？投資人可以從已知績效良好的標的物上選擇。例如表 2 中都是國內投信發行的海外 ETF，這 9 檔 ETF 近 1 年報酬率皆逾 26%。

譬如說，表 2 中報酬率最好的統一 FANG+（00757），它

在最近 1 年繳出的報酬率是多少？ 96.13%。那現在銀行定存利率是多少？大約是 1.6%。兩者相差了大概 60 倍！錢要放在對的位置上面，才能夠產生最大、最好的一個效益性。所以為什麼我常常在講，投資人一定要選對標的物？因為這樣才能夠產生最大的效益性。

那像 00757 這一檔 ETF 的策略非常簡單，它只投資 10 檔標的，分別是網飛（Netflix）、雪花（Snowflake）、微軟（Microsoft）、蘋果（Apple）、博通（Broadcom）、Meta（原Facebook）、輝達（NVIDIA）、亞馬遜（Amazon）、字母公司（Alphabet，谷歌母公司）和特斯拉（Tesla）。這 10 家公司一般人應該大部分都有聽過，而且它都有方方面面滿足到大家生活上的每一個需求。

像是你用電腦在看 YouTube 時，不就是透過搜尋引擎 Google點進去的嗎？而且說不定你電腦裝的顯示卡就是輝達生產的。如果你是拿 iPhone 手機在看 YouTube 的話，就有用到蘋果的一個產品。你有可能是從臉書或 IG 上接收到朋友傳來的訊息，所以你也在用 Meta。有沒有發現？其實一整天下來，你一直不知不覺都在使用這些公司的產品。

表2 **海外ETF近1年報酬率皆逾26%**
——海外ETF資訊

名稱（代號）	2023.12.25股價（元）	近1年報酬率（%）
統一FANG+（00757）	65.80	96.13
台新全球AI（00851）	37.56	71.27
元大全球AI（00762）	50.20	69.59
國泰費城半導體（00830）	37.70	66.16
國泰北美科技（00770）	39.76	62.65
富邦NASDAQ（00662）	67.40	55.12
國泰臺韓科技（00735）	30.56	32.14
國泰AI+Robo（00737）	30.97	28.93
元大S&P500（00646）	46.21	26.81

註：1. 報酬率統計至2023.12.25；2.ETF依照近1年報酬率由高至低排序
資料來源：MoneyDJ理財網

　　那既然你每天都在使用這些公司的產品、這些公司每天都在賺你的錢，你怎麼不乾脆把這些公司的股票給買下來，再利用這些公司的股票幫你把錢賺回來呢？如果今天生活上使用的各種大大小小服務，基本上都是由上述這10家公司構建而成的話，基本上我想不到什麼理由不去投資它們。

不過看到這，就有很多人會說，如果是這樣的話，那我就直接去買這 10 家公司的股票就好了，為什麼要買 ETF 呢？第 1，如果要一次把這 10 檔股票全買下來，檔數有點多，不好控管。第 2，如果直接去做海外投資，有夠麻煩，而且又不是每一檔股票都可以定期定額。

如果不能定期定額的話，以美股來說，就代表最少每檔股票都要買 1 股。以 2023 年 12 月底的股價來看，網飛 486.76 美元、雪花 195.67 美元、微軟 374.58 美元、蘋果 193.6 美元、博通 1,121.98 美元、臉書 353.39 美元、輝達 488.3 美元、亞馬遜 153.42 美元、字母公司 141.49 美元、特斯拉 252.54 美元，加起來要 3,761.73 美元（約合新台幣 11 萬 3,000 元）。

那買 1 張 00757 要多少元？ 6 萬 5,800 元。比起來還是買 ETF 門檻比較低！

而且，透過 ETF 買的好處是什麼呢？第 1，透過 ETF 可以直接買進海外最重要的幾家公司。第 2，可以直接用一個價格取得平均的投資部位。第 3，在台灣買海外 ETF 超簡單，和買國內股票一樣，只要直接用券商系統下單就可以買進了（註 2）。

　　如果今天有一個人把所有東西都整合濃縮，然後用最簡單的方式讓投資人取得最好的報酬率，你相信嗎？很多人聽到就會認為這一定是騙人的，投資哪有這麼容易？投資就是要做 A、B、C……一大堆事，然後付出大量的勞力、心血，最後得到一咪咪的報酬，這個才叫做「投資」。然而，這世界上就是有海外 ETF 這種好康的東西，投信公司都幫你整合好海外投資，只要買進就可以了。

　　不過這邊要特別提醒一下，選 ETF 產品不要只是看到報酬率很高就跳進去，要知道投資商品，想要它的高報酬，就要能接受它的高波動。

　　例如，00757 這一檔 ETF 在 2023 年雖是績效冠軍，但它 1 年的波動率高達 25.83%（同年的 0050 波動率為 14.45%），且在 2022 年則是下跌高達 35.2%（同年的 0050 下跌 21.8%）。可見想要高報酬，也必須要承擔更大的跌幅風險，這

註 2：台灣發行的海外 ETF 中，00757 這檔的性質稍微特殊一點，在買進前必須要先和券商簽署「指數股票型基金受益憑證買賣及申購買回特殊風險預告書」才能開始買賣。

點是必須要注意的！

操作策略》透過定期定額，在股價低點累積部位

　　介紹完 5G ETF、資安相關 ETF、房地產型 ETF、海外 ETF 以後，接著，就可以來看它們的操作策略了。其實只要是 ETF，我最推薦的購買方式都是好好地定期定額就好了。特別是這一章介紹的 ETF，除了房地產型 ETF 之外，波動性都比較高一些。而波動性愈高的 ETF，用定期定額投資策略，相對來講，就比較容易在低成本的時候，買到比較多的部位。然後等到 ETF 股價上升再售出，可能比較容易獲利。

　　如果今天不是透過定期定額，而是用單筆的方式，去買這種高波動的 ETF，有可能在買的過程中，心情很容易受到波動，因為不知道投資的時間點到底是高點還是低點。如果剛好買在高點的話，那真的會很難過。所以最簡單的操作策略，就是定期定額買進就好。

　　大家要知道，投資最困難的第 1 步就是去買進。至於現在 ETF 價格會不會太高，能不能下手？關於這點，必須要去思考，究竟

是 ETF 本身價格在漲？還是股票本身的價格在漲？其實都是股票的價格在漲。如果股票今天價格大跌，ETF 也只是反映這些標的物的價格下跌而已。

所以要問的問題，不是「ETF 現在有沒有很貴？」，而是要問，「ETF 背後的這些公司，未來還會不會繼續成長？」如果 ETF 背後的公司未來還會繼續成長，這檔 ETF 的價值未來就是會繼續提升，因為它就是在反映這些公司的成長性。

也就是說，大家在投資 ETF 的時候，要思考的問題是，「它背後所代表的這些公司，未來是否仍然有成長性？」如果有，那現在的價格可能不是很貴，ETF 只是在反映這些公司的一個價值性而已。不過投資有風險，投資人在投資前一定還是要詳閱公開說明書還有相關資料。

另外，這裡還是再提醒一次各位投資朋友，投資本身就已經很麻煩了，沒有必要再幫自己找更多的麻煩。如果想要投資全球的話，還是選擇用最簡單的方式，也就是買進海外 ETF，來參與整個海外市場的投資機會。我相信這對很多投資人來講，都是最好的一個選擇。

留意ETF投資4大風險 以免績效不如預期

2-5

前面介紹了許多和 ETF 有關的概論和操作策略，那就會有人想問，ETF 聽起來那麼令人心動、好處這麼多，它是不是就沒有風險？怎麼可能！只要是投資商品，一定都有風險的。就算是追蹤大盤指數的市值型 ETF，也是會有風險的。那 ETF 的風險究竟有哪些呢？除了股市下跌的風險以外，投資 ETF 還有 4 大風險需要留意（詳見圖 1）：

流動性風險》交易量太小，易出現3情況

ETF 的流動性風險指的是在市場交易時，如果買賣雙方參與的人太少，可能會讓價格亂跳，或者交易進行得不夠快。

一般來說，流動性不好的 ETF，可能會出現以下 3 種情況：

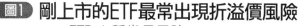

圖1 剛上市的ETF最常出現折溢價風險
—— ETF 4 種常見風險

風險 **1** ▸▸ 流動性風險

風險 **3** ▸▸ 追蹤誤差風險

風險 **2** ▸▸ 清算下市風險

風險 **4** ▸▸ 折溢價風險

情況1》買賣價差較大,導致交易成本增加

簡單來說,當 ETF 流動性不高時,代表市場交易的人少,投資人買賣的意願不高。這時候就有可能會發生想要買某一檔 ETF,但卻找不到賣家的情況,或者想把手中的 ETF 賣掉,卻沒有人願意接手買下的情況。

那如果真的很想要買這一檔 ETF 的話,為了吸引手中持有這檔 ETF 的人交易,投資人就會提高報價,使得買賣價差變大。反過來說,若很想把手中持有的 ETF 賣掉的話,也有可能會降低報價,以吸引其他人來購買這檔 ETF,這樣做也會使得買賣價差變大。

原本只要花 100 元就能買到的東西,現在因為賣的人很少,

就只能開更高的價錢去買，例如說 105 元，那這多出的 5 元，就是交易成本增加的部分。同樣的，原本可以用 100 元賣出，現在都沒有人要買，就只能降價求售，用 95 元的價格賣出，這少賺的 5 元，就會吃掉投資人的利潤。

情況2》在市場波動劇烈時，價格可能偏離淨值

當市場波動劇烈、變得不穩定時，投資人都會想要趕快把自己手上的 ETF 賣掉，或者想要趕快買進 ETF 來避險。但如果這檔 ETF 的流動性不足的話，交易就會變得困難，因為很難找到相對應的買家或賣家。那在這種情況下，買方或賣方可能需要接受較高或較低的價格，才能買到或賣出 ETF，這就導致實際成交價格可能會偏離 ETF 的淨值。

情況3》在市場恐慌時，可能難以交易

在市場恐慌的時候，許多人因為擔心後續股價會跌跌不休，會想要趕快把手上持有的 ETF 統統賣掉，換現金保平安。但通常這個時候，空手的投資人也會擔心股市會繼續往下跌，所以不願意在這時候進場買入 ETF，想要等股價更低一點再進場。那在這種大家都想賣，卻很少有人想買的情況下，一般 ETF 都很難成交了，更何況是那些流動性不好，平常就很難成交的 ETF 了。

　　而根據我的觀察，通常股票型 ETF（如市值型 ETF、高息型 ETF 等）的流動性會比較好。而債券型 ETF 屬於配置型的商品，不像股票型 ETF 會經常性交易，容易出現低流動性的現象。

　　不過也不用太過擔心 ETF 流動性的問題。因為一般來講，發行商有造市（創造流動性）的責任，它會有義務把投資人賣掉的 ETF 收回來。至於造市做得好不好、低流動性時買賣會不會出狀況，這就跟發行商造市的積極度有關。

　　那如果對於債券型 ETF 的流動性有疑慮的話，就直接挑規模排名前 5 大的債券型 ETF 就好（詳見表 1）。如果規模這麼大的債券型 ETF 也有問題的話，那其他規模更小的也就不用太考慮了。

清算下市風險》應避開規模太小、安全性低標的

　　ETF 會不會下市？會，ETF 會下市，可是它的下市跟股票有個地方不太一樣。個股下市投資人什麼都拿不到，可是 ETF 如果清算下市的話，會去結算它的淨值，之後再依受益權單位持有比率分配給投資人。不過雖然說 ETF 下市之後投資人還是可以拿回一些錢，但能不下市當然會比較好，是不是？

那一般來說，ETF 下市的原因會有 2 個：

下市原因1》規模太小

根據台灣證券交易所規定，股票型 ETF 最近 30 個營業日平均規模低於 1 億元時將被下市，債券型 ETF 最近 30 個營業日平均規模低於 2 億元時將被下市，期貨型 ETF 最近 30 個營業日平均規模低於 5,000 萬元時將被下市。一旦符合下市條件，即由 ETF 發行單位提出信託契約終止（下市）申請。

下市原因2》淨值跌幅太大

根據台灣證期局規定，股票型 ETF 和債券型 ETF 最近 30 個營業日平均淨值累積跌幅達 90%，將被下市。

另外，期貨型 ETF，最近 10 個營業日平均淨值累積跌幅達 65% 者，在證交所公告後次一營業日起，暫停信用交易（指不可以再新增融資融券交易，但是可進行融資融券了結交易，包含融券買進及融資賣出交易）、停止有價證券借貸及當日沖銷交易。最近 10 個營業日平均淨值累積跌幅達 85%，僅限法人機構交易等，一般投資人只能賣出或進行融券買進、融資賣出交易，不得買進。

表1 **排名前5的債券型ETF規模皆逾927億元**
——規模前5名的債券型ETF

名稱（代號）	規模（億元）
元大美債20年（00679B）	1,274
中信高評級公司債（00772B）	1,215
元大AAA至A公司債（00751B）	1,202
元大投資級公司債（00720B）	1,085
群益投資級金融債（00724B）	927

註：資料統計至 2023 年 11 月底
資料來源：XQ 全球贏家

　　了解到 ETF 有可能會下市之後，接著就可以來談挑選 ETF 的重點到底在什麼地方。其實很簡單，重點就 2 個而已：第 1，挑規模大的；第 2，挑安全性高的。

　　規模大的好理解，就挑規模愈大的 ETF 愈好。可是安全性高的 ETF 要去哪裡找？答案是上發行這檔 ETF 的投信公司網站，打開這一檔 ETF 的基金月報（有些會叫「投資月報」，查詢方式詳見文末圖解教學），其中會說明這檔 ETF 的設計規畫，以及經理費、保管費是多少？前 10 大成分股有哪些？若是債券型 ETF 還會公

布持有的債券信用評等分布等等。

　　因此，投資人最好是在買進 ETF 之前，先去看它的基金月報來確認投資的內容是不是自己想要的，同時確保今天買進的這一檔 ETF，它的安全性到底是足夠還是不夠的。

追蹤誤差風險》3原因造成ETF報酬與指數有差異

　　追蹤誤差是指 ETF 的表現和它追蹤的指數有一些不同，像是指數漲了 2%，但 ETF 只漲了 1.98% 之類的，而且每檔 ETF 的追蹤誤差，每天都會不太一樣。那究竟是為什麼 ETF 會有追蹤誤差呢？原因大致上有下面 3 個：

原因1》交易成本

　　ETF 在買進、賣出成分股時，會有一些交易成本產生，這些費用會導致 ETF 的表現和它追蹤的指數有所差距。

原因2》指數編製方法

　　如果 ETF 追蹤的指數是用不同方式編製的（註 1），就有可能造成追蹤誤差。

原因3》市場波動

當市場波動很大的時候，比如市場大幅下跌，ETF 可能會被迫賣出一些成分股，這樣也會使追蹤誤差增加。

也因為有上面 3 個原因的關係，使得 ETF 即使追蹤的指數是同一個，但彼此之間的追蹤誤差也不大一樣。舉例來說，根據元富證券網站的資料，同樣是追蹤台灣大盤的市值型 ETF，2023 年12 月 25 日這一天，富邦台 50（006208）的追蹤誤差是 0%；元大台灣 50（0050）的追蹤誤差是 0.01%；元大 MSCI 台灣（006203）的追蹤誤差是 0.01%；富邦公司治理（00692）的追蹤誤差是 -0.02%。

而追蹤誤差不同，表現在報酬率上，也會有所差異。以最近1 年的不含息報酬率來看，大盤漲了 24.27%。而追蹤台灣大盤的市值型 ETF 方面，006208 漲了 21.37%、006203 漲了21.36%、0050 漲了 20.84%、00692 漲了 19.43%（詳見圖 2）。

註 1：指數編製方式有很多種，像是價格加權指數、市值加權指數、因子加權指數、風險最適化指數、槓桿／反向指數等。

那基本上，ETF 跟指數之間的追蹤誤差是愈小愈好。不過追蹤誤差方面，大家也不用太過擔心，因為現在投信公司都已經做到相當好的一個水準，大部分股票型 ETF 和債券型 ETF 的每日追蹤誤差都在正負 0.1% 以內，只有像槓桿型 ETF、反向型 ETF、期貨型 ETF 這種有開槓桿的，追蹤誤差才會比較大一點。

折溢價風險》若數值過高，市價波動也可能較大

折溢價是指 ETF 的淨值跟市價之間的差距。而折溢價風險是指 ETF 的淨值和市價之間差距太大，有可能會對投資人帶來損失。舉例來說，如果 ETF 的市價比它的淨值還值錢，就像是花了比東西實際價值還多的錢買了它，可能會虧錢。相反地，如果 ETF 的市價比它的淨值便宜，就像是賣了它但得到的錢比它實際值的少，也可能會損失錢。所以，當 ETF 的市價和它的淨值差距太大時，投資者可能會有損失的風險。

折溢價風險是 ETF 的 4 個風險裡面，大家最需要留意的。你知道為什麼嗎？因為只要是新上市的 ETF，就特別容易出現折溢價。

正常來講，只要是有新的 ETF 上市，發行商就會打很多的廣告，

圖2 **近1年，富邦台50的報酬率與大盤最接近**
——加權指數（TSE）和市值型ETF不含息報酬率比較

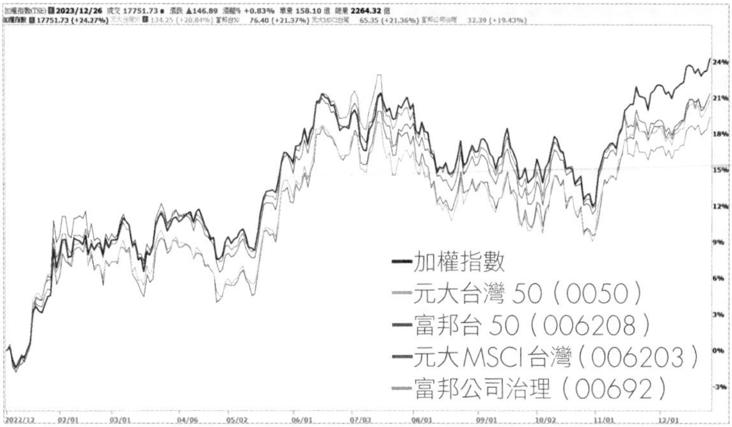

註：1. 以 2022.12.26 的股價為基準計算；2. 資料日期為
2022.12.26 ～ 2023.12.26
資料來源：XQ 全球贏家

且會有所謂的「潛銷」跟「上市銷售」這種差異，這樣才可以吸引投資人先進來買，衝人氣。可是，等到 ETF 實際發行當天，會有更多沒有參與預購的人衝進來買這檔 ETF，那這時候就會發生一個問題。如果發行商準備的 ETF 數量不夠，那是不是投資人要去搶了？這時候就開始競價了，也就是一旦量不夠，但投資人

都要去買的時候，ETF 的價格就會上漲，ETF 的市價會超過它應該有的淨值。

舉例來說，ETF 本身是一籃子股票的組合，那如果這一籃子股票表彰的價值就 15 元，也就是淨值 15 元，今天因為 ETF 新上市，沒有預購的人跑進來瘋狂大搶購，把市價搶到了 16 元，那中間這多出的 1 元就是所謂的「溢價」。

如果 ETF 出現溢價的話，投資人千萬不要太開心，因為按照 ETF 的發行機制，溢價的隔天，發行商必須想辦法把它降回來。像前面這個例子，如果投信發的 ETF 淨值是 15 元，可是因為投資人搶購，溢價到 16 元，那麼隔天如果沒有什麼意外的話，發行商就要想辦法把市價的部分重調回來，讓它往 ETF 淨值靠攏。所以如果發現，ETF 折溢價價差很大的時候，千萬不要開心，因為隔天市價有可能會出現劇烈波動。

那多少 range（範圍）算是合理的折溢價？正常來講，折溢價的數值能夠貼近 0% 是最好的。那當然要做到 0%，這個難度是非常非常高的。所以，只要發行商能夠將折溢價一直維持控制在 1% 以下，甚至 0.5% 以下的話呢，就會說它有很努力地在控制

折溢價。

　　至於折溢價的資訊可以去哪邊查詢？基本上，投信公司的網站上都會公布，或者直接在 Google 搜尋欄上打 ETF 名稱，後面再加一個「折溢價」，就會有資訊跑出來了。

　　以上就是在投資 ETF 時，常會面臨到的風險。那這邊我來總結一下，一般在投資 ETF 的時候，第 1 不要買規模太小的，因為規模太小的，流動性通常都不太好，而且有可能會被清算下市。再來，就是要挑選追蹤誤差小的，愈小愈好。最後的話，就是折溢價的問題，不要故意去買折溢價非常大的 ETF，因為有可能買進的隔天，它的價格就會波動得比較激烈，這點要好好留意。

圖解教學　查詢ETF基金月報

在台灣，每一檔上市櫃 ETF 都會有所謂的「基金月報（又稱「投資月報」）」，其中會列出該檔 ETF 的詳細資訊，像是 ETF 的組成條件、經理費、管理費、區域分布等等，很值得在進場買入 ETF 前仔細查看。

至於基金月報要去哪裡找呢？可以透過發行的投信公司官網查詢。而想知道手中的 ETF 是哪一家投信公司發行的，只要看 ETF 名稱最前面幾個字就可以了。

舉例來說，元大美債 20 年（00679B）就是由元大投信所發行的。下面，我就來教大家如何利用元大投信的網站，查詢 00679B 的基金月報：

Step1 進入元大投信網站（www.yuantafunds.com）後，點選上方的❶「ETF 專區」，接著選取下拉視窗的❷「Yuanta ETFs」。

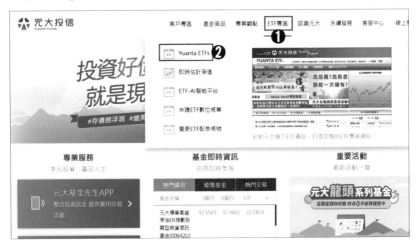

Step2 頁面跳轉後，點選右上方❶放大鏡的圖案，會出現一個彈跳視窗，在 ETF 搜尋下方空白處輸入想要查詢的 ETF 名稱或代號，這裡是❷「00679B」。輸入完畢按下 Enter 鍵，並選擇該檔❸基金名稱。

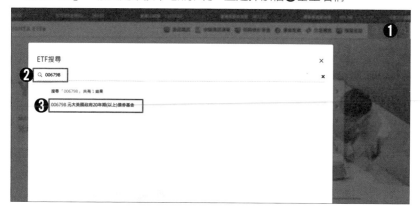

Step3 頁面跳轉後，會跳出符合搜尋要求的 ETF，接著，點選基金名稱下方的❶「基金資訊」。

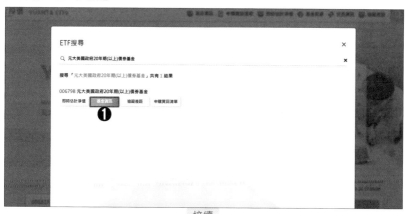

接續
下頁

Step4 頁面跳轉後，會進到00679B的專屬頁面。接著，點選上方的❶「檔案下載」，選取❷「投資月報」。點開下載的檔案以後，就能看到00679B這檔 ETF 的❸「投資特色」、❹「基金簡介」、❺「區域配置」等資訊。

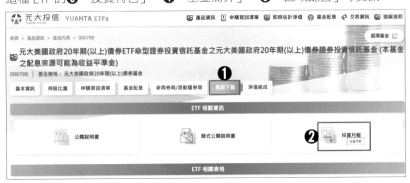

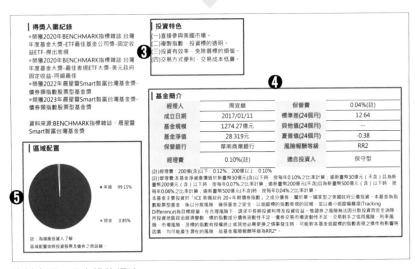

資料來源：元大投信網站

應用實戰攻略

提升勝率

依據年齡層3階段 調整ETF投資策略

3-1

人生不同的階段，會有不同的需求，投資工具也會跟著改變。因為人生每一個階段，能夠承受的風險，以及跌倒之後再站起來的能力，狀況是差蠻多的。像年紀長一點的朋友，可能就不適合太激進的商品。所以，今天就來探討一下，在人生不同的階段，可以投資怎麼樣的 ETF，讓人生更有力。

以我自己來說，在結婚前，還是單身的時候，心態上會比較想多衝刺一點，比如說想要讓資產累積快一點，可能會挑風險屬性稍微高一點的，像是轉機股、中小型成長股之類的商品來投資。

當人生階段出現變化，投資應跟著滾動式調整

可是結婚之後責任感就出現了，不太能隨便亂來，這時候投資

動作就會變得稍微小一點，比較偏向在投資大型股的這一塊。如果是大型股的話，股價不太容易會因為有一個題材而出現很大的漲幅，不會一下拉漲停板，一下出現跌停板，表現相對比較穩。而且根據我這麼多年的觀察，大型的龍頭股，像是鴻海（2317）、台積電（2330），要看到它漲一根漲停板，都非常罕見。

那除了婚前婚後的差異以外，有沒有在公司上班，其實差異也蠻大的。像以前我還在公司上班的時候，想的事情可能會傾向於，怎麼讓自己手上的部位，可以在短時間內做比較高幅度的成長？可是從職場離開，每天在外面自由自在地跑來跑去之後，想的事情就比較不是偏重在讓資產大幅度成長，反而是偏向於如何保護我的投資部位？以及如何利用現有投資部位，創造更多的現金流進來？

舉例來說，早期還在公司上班的時候，一開始股債配置的比率大概是股票 80%、債券 20%；後來離開公司、自己在外面跑的時候，股債配置的比率就接近股票 50%、債券 50%。之所以會這樣調整，是希望整個資產部位能夠盡可能保持穩定的增長，然後又能夠有一定的現金流進來，這樣子就可以了。

　　從我的例子來看就能知道，人生在不同的階段，想法一定是會變的。既然想法會改變，那投資做法、能夠使用工具的屬性，自然也都是要跟著變。所以，投資這件事情就是一個滾動式檢討，不可能一成不變，基本上要隨著個人在不同時間點的需求，適時地來做一些調整。

　　至於不同年齡層，投資策略應該要怎麼調整比較好呢？我把年齡層大致分為 3 個階段（詳見表 1），依序介紹如下：

階段1》單身年輕人

　　剛入社會的單身年輕人，因為工作時間不長，賺得也不多，能夠投入的資金部位也是比較小的，可是他有一個非常大的優勢：時間。

　　一般常講，「投資商品高波動、高風險，時間拉長就會有高報酬」。這裡面的關鍵就是「時間拉長」，至少要 5 年以上。要是時間拉不長的話，有可能報酬還沒看到，自己就先掛掉了。

　　既然年輕人有的是時間，代表他可以承擔很大的風險，所以他

表1 年齡愈大，可承受的風險就愈低
——不同年齡層的比較

項目	單身年輕人	中年夾心族	年長屆退族
可投資時間	長	中	短
可投入資金	低	中高	高
風險承受度	高	中	低
可投資屬性	高風險	穩健平衡	持續收益
適合投資的ETF類型	產業型ETF	高息型ETF、ESG相關ETF、市值型ETF	高息型ETF、債券型ETF

適合挑什麼？他適合挑一些優質，然後波動度比較高的產品，這樣未來整個資產成長的速度，才會比較快。

年輕人千萬不要跑去買非常保守的標的，這樣做的話，資產累積的速度，有可能會慢到讓你想哭。而且，在年輕還可以承受風險的時候不承受，難道要等老了才來承受嗎？這是不對的。年輕的時候，就應該要勇敢地承擔風險，才能夠確定以後資產增長的速度可以符合預期。

而且，趁年輕時買高波動的產品還有一個好處，那就是有許多

機會好好享受市場波動的感覺。你可以慢慢去了解,在這個股市上上下下的過程中,到底真正會害怕、該注意的點在什麼地方?如此才能夠從中學到一些東西。

適合標的》產業型ETF

那年輕人適合投資什麼呢?很簡單,問自己一個問題就好了:前面提到適合長期投資的 ETF,有市值型、高息型、債券型、產業型,在這些類型裡面,誰的波動最大?產業型的 ETF 波動是最大的,因為它獲利的潛力也是最大。

所以像年輕人就很適合去投資產業型 ETF,比如統一 FANG+(00757)、國泰費城半導體(00830)、國泰網路資安(00875)這種很明顯是鎖定投資於特定產業的 ETF,這類 ETF 高波動、高風險、高報酬,最適合年輕人。

階段2》中年夾心族

中年夾心族的特徵是什麼?是年紀在 30 歲、40 歲左右,且上有高堂,下有兒女的人。和年輕人比起來,中年夾心族可投資的時間相對來講就少了一點,不過他們可以投入的資金,會稍微

高一些。一般來講，中年夾心族可以投入的資金，應該可以到中高的水準，若成就更好一些的，還可以達到更高水準。

至於中年夾心族的風險承受度是多少呢？重點來囉！中年夾心族的風險承受度不是高，是「中」喔。尤其是如果另一半沒有上班，只靠一個人養家的，投資時更要想到一個問題，「我如果投資失敗了，該怎麼辦？全家跟著我吃土嗎？」

以前單身的時候，失敗了頂多是影響到自己而已，是不是？可是如果有家庭，失敗了不只是自己的事而已，還有另一半和小孩要負責。你會想讓家人去喝西北風嗎？應該不想吧！所以中年夾心族是不能跌倒的，如果跌倒了，不是一個人肚子餓，是全家人都餓了。

因此，對於中年夾心族在投資上的建議，我只有簡單一句話，「做人不要衝動」，請以穩健投資為主軸。而且，如果身上還有房貸要背的話，那當然是薪水下來以後，先把每月房貸的部分處理完，之後還有剩餘的錢，再拿來做投資。

談到穩健投資，最好都是挑跟大型權值股相關的標的，這樣整

體波動都會是在可以接受的範圍裡。或是，也可以找一些跟著大盤報酬連動的產品，因為大盤的起伏跟個股比起來相對是比較小的，這樣就可以非常穩健地去累積資產。

　　針對中年夾心族，有以下 3 個建議的投資標的：

適合標的1》高息型ETF

　　如果要現金流、喜歡錢多一點的，你可以考慮投資國泰永續高股息（00878）、元大高股息（0056）這種強調高股息的ETF，不但股價會有成長，且會有現金流進來，對有現金偏好需求的投資人是比較適合的。

適合標的2》ESG永續相關ETF

　　如果覺得自己比較偏重在資產成長這一塊，就可以考慮買像元大臺灣 ESG 永續（00850）這種與 ESG、永續題材相關的ETF。ESG 是未來很重要的趨勢，它代表企業的良心、環境的責任，以及企業對員工態度的好壞，是未來評鑑企業的一個標準。

　　而且，00850 這檔 ETF 持有的成分股都是大型權值股，非常適合放在穩健投資的組合裡。

適合標的3》元大台灣50（0050）

　　如果真的很懶惰，懶到就是說，我有錢想投資，可是完全不想去挑選任何一個標的。我跟你說，關鍵字就是「0050」，直接買下去就對了，這檔 ETF 的成分股簡單乾脆，就是台灣市值前 50 大的公司，這 50 家公司的經營狀況不好，那台灣的經濟狀況也不會好到哪裡去。要是連這種跟著台灣整體經濟高度相連的產品都會有疑慮的話，那其他產品肯定更難以放心投資。

　　假如覺得 0050 單價高的話，可以只買零股就好，或是買進與 0050 追蹤相同指數的富邦台 50（006208），價格大約是 0050 的 6 折左右（以 2024 年 1 月 5 日收盤價為例，0050 收盤價為 132.15 元、006208 收盤價為 75.35 元）。兩者追蹤相同指數，但因發行時間點與發行價格不同的關係，導致目前市價不一致，但績效相近。如果覺得 006208 還是太貴的話，也可以考慮近期發行但追蹤不同指數的市值型產品。具體要怎麼做，其實還是看自己。

階段3》年長屆退族

　　年長屆退族的話，年紀通常比較大一點，這時能累積資產的時

間不多。我講的時間不多是指，能繼續靠工作累積資產的時間不多了。為什麼會這樣說？因為人在職場上是有期限的，對不對？

今天除非自己開公司做老闆，不然大部分都是當人家的員工。那當員工的話，事實上，要做到 70 歲、80 歲，我覺得是蠻困難的。一般到了法定退休年齡 65 歲的時候，該退的，公司就會讓你退下來了。

那如果是在科技業工作的話，連想做到 65 歲退休都有困難。我在離開公司前，也是在科技業內任職，認識不少同業或是其他領域的朋友。但在任職的 15 年期間，我沒有參加過任何一場「退休」慶祝活動，倒是「離職」歡送活動參加了很多很多場，也很少看見有 50 歲以上的工程師還待在公司崗位上的，除非已經晉升主管階級，才有機會年紀大了還繼續在職場發光發熱。所以我常會說，公司不是慈善事業，不會養你一輩子，任何人都需要提前思考自己的退路在哪。

所以，離法定退休年齡的時間點愈來愈近（或是公司某個特殊內規的年紀時），能夠承受跌倒的風險就愈來愈低，所以在商品的選擇上面，就只能盡量往保守的商品靠攏了。

　　而且，很多年長屆退族是把一輩子賺來的錢拿出來投資，資金非常得高，但如果之前沒有什麼投資經驗的話，貿然衝進股市，很容易就被市場電得慘兮兮。

　　因此，年紀大，離退休又近的時候，記得要認份一點，不要再去碰一些奇奇怪怪的投資，要清楚資產可以翻倍的機會已經很少了。要是投資不當、遇到腰斬那可怎麼辦？所以，這時要做的是保護好手中的資產，好好地享受之前累積下來的戰果，應該要選擇一些波動比較低、有固定收益的產品，來創造離開職場之後的固定收入來源。

　　千萬要記得，當你年紀大的時候，是沒有退路的。我再強調一次，年紀大的人是沒有退路的。年輕人有退路是基於2個原因：第1，時間；第2，有工作。就算被 fire（開除）掉，還可以很快地找到第2份工作，這些條件年長屆退族統統都沒有。所以年長屆退族的投資操作其實很簡單，就是跟單身年輕人的投資操作全部都顛倒就對了。

　　最怕的是有很多人不服老，明明都已經退休了，明明這筆錢承擔不起風險，可是還是一天到晚在想著，要如何把手上的錢變多

一點。像這種人,就會去做錯誤的投資。所以我良心建議,年長屆退族應往低波動和高股息的方向走,像是高息型 ETF 和債券型 ETF 就是很好的選擇,或者是乾脆將錢存入定存,選擇每月領息的方式也是一種保守又安全的做法。

適合標的1》高息型ETF

年長屆退族因為資產大,但投資的時間及能夠承受的風險卻非常非常低,所以可以主要將資金放在 0056、00878 這種會固定配息,且配息率比較高的高息型 ETF。

高股息產品其實也很適合單身年輕人跟中年夾心族為日後退休與現金流規畫做準備。

另外要提醒一件事情,在投資高股息產品時,要買真正策略上以「高股息為策略設計訴求」的產品,而不是買配發高股息的產品。這兩者有什麼不一樣呢?

以高股息為策略設計訴求的產品,在成分股的選擇上,會以能持續配發高股利的公司為主,並針對策略進行回測來確保每年的股利率表現;也就是說,買進「高股息為策略設計訴求」的產品

以後，每年都多半可以領到殖利率 5% 以上的配息。

但是配發高股息的產品，如果一開始的產品設計就不是以高股息為訴求，而是產品累積一段時間的股利後，一口氣發出來，就會出現高殖利率的現象，那這類產品在殖利率的配發上，就沒有這麼穩定。例如某檔 ETF 產品，在 2022 年時有高額的現金股利發放，使其在當年殖利率有不輸給高息型 ETF 的表現，但隔年發放的現金股利又快速下降（詳見表 2）。

適合標的2》債券型ETF

債券型 ETF 的話，雖然它沒有債券那種完全保本的效果，可是因為它持有的是保本型的標的，所以它的價格波動是很低的，而且配息金額會非常穩定。

一旦去買了債券型 ETF，並且把它組成月月配的投資組合，就等同於擁有一台不斷賺錢給自己花的生財機器了，非常適合需要固定現金流的年長屆退族。

舉例來說，如果同時買進國泰 A 級醫療債（00799B）、國泰 A 級科技債（00781B）和國泰 A 級公司債（00761B）這 3

檔 ETF，每個月就都會有收入進來了，而且不會停。

　　其實我認為，不同年齡階段的操作方式很簡單。也就是說，如果今天較年輕，可以投注在市場的時間夠長、夠久，就會建議在股票的比率上可以多放一點，畢竟股票才是資本增值最主要的來源。比如說，如果不小心買到一家公司，這家公司從默默無名到突然市值出現爆發性成長，那投資人手上的資金不是翻倍，可能翻上百倍都有。

　　這是買到好公司、好股票的情況。另一方面，若是買到先盛後衰的公司，獲利能力逐年下降，股價也是跟著一起溜滑梯，甚至最後下市消失，那手中所投入的資金要是沒有提前認賠殺出，最終會落得血本無歸。但如果愈年輕、可以投資的時間愈久，能夠做的嘗試就愈多，還有機會賺回投資資本。

　　而離退休愈來愈近，能夠嘗試的機會愈來愈少，你能承擔的風險也愈來愈少。所以當你的年紀漸長，在固定收益這部分的比率就要多一些。因為老年人在長年累積之下能動用的資金會比年輕人高許多，如果又把錢放在高息型 ETF 或高信用評等的債券型 ETF 這種可持續配息的標的上，就可以安心了。

表2 非以高股息設計的產品，股利發放不穩定

——非以高股息設計的產品vs.以高股息設計的產品

非以高股息設計的產品

除權息年度（年）	除息前股價（元）	現金股利（元）	現金殖利率（%）
2021	26.55	0.32	1.21
2022	34.61	2.80	8.09
2023	24.60	0.12	0.49
2024	35.56	1.51	4.25

以高股息設計的產品

除權息年度（年）	除息前股價（元）	現金股利（元）	現金殖利率（%）
2018	25.81	1.45	5.62
2019	29.03	1.80	6.20
2020	29.69	1.60	5.39
2021	32.40	1.80	5.56
2022	25.84	2.10	8.13
2023.Q3	35.94	1.00	2.78
2023.Q4	34.90	1.20	3.44

註：「以高股息設計的產品」2023年下半年因為改成季配，所以現金殖利率
看起來變低，但若用2023年的年均價32.01元和年現金股利2.2元來
算的話，年殖利率也有6.87%
資料來源：玩股網

　　而且，如果已經把它們組成月月配息組合的話，那麼即使這個月把這些錢花光也不用擔心，因為等到下個月，這些 ETF 又會拿錢（股息或債息）來孝敬你，這不就是一個妥妥的「啞巴孝子」的概念？與其每個月等孩子給家用奉養，還不如自己投資一個啞巴孝子，時間到了就準時把錢（股息或債息）匯到戶頭內，且絕對不會跟你抱怨這個月壓力大，想少給一點，該是多少就多少入帳，這樣老年生活才會高枕無憂！

　　所以，對於年長屆退族來說，如果投資能做到這樣的規畫，讓錢每個月都可以自動流進來，那我相信下半輩子的生活都一定是高枕無憂的。

借助時間複利
3-2
提早幫小孩存ETF

問一個問題，「如果今天有人只要大學一畢業，就可以自動加薪 2 萬元，你羨不羨慕？」如果是我的話，一定羨慕死了。

大學一畢業，每月就有 2 萬元入帳，那是不是從小就不用特別考慮升學、以後要進大公司之類的事情？只要找份自己喜歡的工作餬口就行了。那如果畢業後去找好一點的工作，每個月入帳的金額就更可觀了，因為除了薪水收入，還多了 2 萬元可以花用。

不過問題就來了，為什麼可以一畢業就每個月有 2 萬元的錢入帳？答案很簡單，因為這樣的人有一對好爸媽，從他小的時候，就幫他存股。

很多人都會抱怨自己沒有含著金湯匙出世，缺少富爸爸／富媽

媽，但沒關係，我們都可以當自己小孩的富爸爸／富媽媽，讓小孩成為富二代。

看到這，我猜有些人會開始想，「蛤，我自己都顧不來了，還幫小孩存股？不可能，太麻煩了。」其實，幫小孩存股沒有想像中那麼麻煩，下面我會傳授一個世界級的祕密，只要把這個祕密搞懂，幫小孩存股並不會花太多時間。

這個世界級的祕密是什麼呢？答案就是「世界第 8 大奇蹟──複利」。什麼是複利呢？複利簡單來說，就是用錢滾錢。

我整理了一張「複利終值係數表」，上方列的是投資商品報酬率，左欄則是持有這項投資商品的時間，然後中間就是投入 1 元本金在不同報酬率的商品上，經過不同時間後，本金會變成多少。

所以，如果最初投入的本金是 1，且投資的商品有 8% 的報酬率，那麼經過 9 年之後，本金就會變成 2，也就是原本的 2 倍（詳見表 1）。這表示，如果在小孩剛出生時，就開始幫他投資在每年有 8% 報酬率的商品上，那等到小孩 9 歲的時候，裡面的錢就會變成 2 倍。至於這個 2 倍會是多少錢呢？就看在小孩剛出生

表1 投資在報酬率8%商品上，9年後本金變2倍
──複利終值係數表

持有時間（年）	投資商品報酬率											
	1%	2%	3%	4%	5%	6%	7%	8%	9%	10%	13%	15%
1	1.01	1.02	1.03	1.04	1.05	1.06	1.07	1.08	1.09	1.10	1.13	1.15
2	1.02	1.04	1.06	1.08	1.10	1.12	1.14	1.17	1.19	1.21	1.28	1.32
3	1.03	1.06	1.09	1.12	1.16	1.19	1.23	1.26	1.30	1.33	1.44	1.52
4	1.04	1.08	1.13	1.17	1.22	1.26	1.31	1.36	1.41	1.46	1.63	1.75
5	1.05	1.10	1.16	1.22	1.28	1.34	1.40	1.47	1.54	1.61	1.84	2.01
6	1.06	1.13	1.19	1.27	1.34	1.42	1.50	1.59	1.68	1.77	2.08	2.31
7	1.07	1.15	1.23	1.32	1.41	1.50	1.61	1.71	1.83	1.95	2.35	2.66
8	1.08	1.17	1.27	1.37	1.48	1.59	1.72	1.85	1.99	2.14	2.66	3.06
9	1.09	1.20	1.30	1.42	1.55	1.69	1.84	**2.00**	2.17	2.36	3.00	3.52
10	1.10	1.22	1.34	1.48	1.63	1.79	1.97	2.16	2.37	2.59	3.39	4.05

註：假設投入的本金是 1

時，幫他存了多少錢在裡面。就算一開始錢存得少，隨著時間推移的話，那金額也會愈來愈多。

為什麼是挑報酬率 8% 的商品來投資呢？這就牽涉到我幫小孩

設計的規畫。我的規畫非常簡單，就是希望小孩在大學畢業之後，不但不用背就學貸款，還可以有一筆錢去做自己想做的事情，讓他的人生擁有更多選擇。然後最重要的是，大學畢業以後他就能自力更生，往自己的目標邁進。

如果在小孩剛出生的時候，就存 100 萬元在報酬率 8% 的商品上面，那等到他 12 歲小學畢業的時候，這筆錢會變成 252 萬元；等到 15 歲國中畢業是 317 萬元；18 歲高中畢業是 400 萬元；22 歲大學畢業是 544 萬元（詳見圖 1）。

大學畢業就擁有 544 萬元，已經打趴一堆工作多年的上班族了！那如果小孩還想要繼續攻讀研究所的話，當他 24 歲碩士畢業，這筆錢會變成 634 萬元；若繼續讀博士的話，等他 28 歲畢業時，這筆錢會變成 863 萬元。

而且要知道，上面這是指小孩剛出生時，單筆投入 100 萬元的本金變化。那如果今天，只要小孩每長大 1 歲，就多投入一些錢進去，且在小孩成年之前，都不要取出來，那麼最後這筆錢滾啊滾的，將會變得很可觀。所以，也許你生下來沒有富爸爸／富媽媽，但是沒有關係，你可以做你兒女的富爸爸／富媽媽。

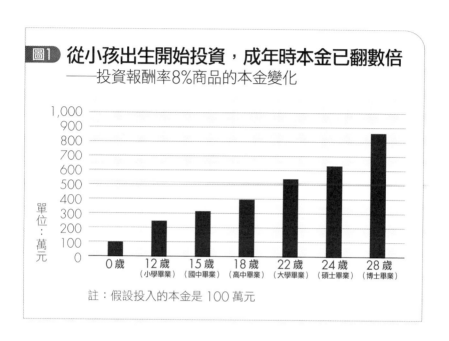

圖1 從小孩出生開始投資，成年時本金已翻數倍
——投資報酬率8%商品的本金變化

註：假設投入的本金是 100 萬元

善用每年壓歲錢，無痛定期定額存0050

　　前面講了那麼多數字，是不是讓人聽了很心動？但要知道，想要把本金從 100 萬元變成 544 萬元，甚至 863 萬元，是有一個前提的，那就是要投資在「報酬率 8%」的商品上。可現在銀行的定存利率才 1.6%，要去哪裡才能找到報酬率 8% 的投資工具呢？

　　其實，報酬率 8% 的投資工具，大家應該都知道才對，我在前面幾章也有介紹過，那就是台灣成立最久的 ETF──元大台灣 50（0050）。你知道嗎？0050 其實是一個很好的工具。好到什麼程度呢？好到投資人什麼都不用做，只要長期抱著，就能夠有 8% 的報酬率。

　　不信的話，只要把資料拿出來算一算，就會得到這個結果。如果從 0050 掛牌的那一天（2003 年 6 月 30 日）開始抱著它，然後一直持有至 2023 年底，總報酬率（含息）約有 481%，換算下來，年化報酬率（含息）約有 8.96%（詳見圖 2）。

　　至於 0050 該怎麼投資，2-1 就有介紹過了，像是可以定期定額、跟著景氣燈號操作（藍燈買、紅燈賣）、等大盤碰到 10 年線時進場、跟著國安基金操作等，有許多不同的操作手法。但其實我認為，幫小孩存股的時候，只要每個月定期定額慢慢扣，就可以得到很不錯的效果。

　　那如果每個月都要手動去買 0050 來定期定額，很容易忘記，也可以去券商那邊設定定期定額功能，之後只要記得把錢存進帳戶裡，券商就會自動買進股票。

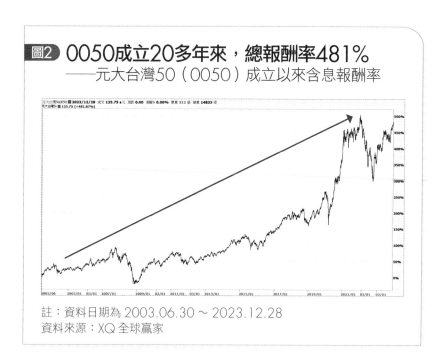

圖2 0050成立20多年來，總報酬率481%
——元大台灣50（0050）成立以來含息報酬率

註：資料日期為 2003.06.30 ～ 2023.12.28
資料來源：XQ 全球贏家

　　在以前，如果想要定期定額，全部都要自己手動操作，麻煩得很，現在只要按一按手機的券商 App，設定一下定期定額功能就可以了，而且還可以選擇自己想要的扣款時間，很方便的。假如你覺得這樣還是很麻煩的話，也可以選擇每年扣款一次就好。

　　雖然前文說，想要幫小孩存 ETF，扣款頻率不論是每月定期定

額或每年定期定額都可以，但其實我認為，最簡單的方式就是每年只存一次。

講個實際一點的東西，如果每個月都幫小孩存 ETF，例如自己存 6,000 元，幫小孩存 3,000 元，長期下來會發現，自己的投資力道變小了，賺得錢也變少了。有這個念頭產生時，下次在幫小孩存 ETF 時，有可能就會有其他想法跑出來，例如幫小孩存的錢從每月 3,000 元變成每月 2,000 元，或者是急需用錢時，就先挪用一下幫小孩存的 3,000 元。

但這樣做的話，等小孩長大以後問你，「爸爸／媽媽，我戶頭裡面的錢呢？」這時候壓力就來了。所以我建議，如果要幫小孩存 ETF，最好是拿小孩的壓歲錢去存，然後每年存一次。

為什麼要拿小孩的壓歲錢來存呢？首先，這筆壓歲錢原本就是預計要給小孩的。第 2，對父母來講，這筆壓歲錢是額外的錢。看到這，很多人會說：「哪有？壓歲錢也是從我口袋裡掏出來的，怎麼會是額外的錢？」

對，壓歲錢是從父母口袋裡掏出來的沒有錯，可是，父母已經

預計要在過年把這筆錢拿給小孩了，所以就不會把這筆壓歲錢當成是生活上必要的錢，而是把它當作是一筆閒錢。那大家不是一直都在講，投資最重要的就是要拿閒錢投資？拿出來的這筆錢愈是閒置，投資的成功率就愈高。

前文的舉例是在小孩出生時幫他存 100 萬元在 0050，等到小孩 22 歲大學畢業時，可以拿到 544 萬元。可是很多人就會說，「我沒有那麼多錢可以幫小孩投資，怎麼辦？」

如果是這樣的話，沒關係，也可以選擇每年幫小孩存 2 萬元在 0050。這樣經過 20 年的時間，大概也可以有 97 萬元左右，到時候再補貼個 2 萬、3 萬元進去，他就有人生的第 1 桶金（100 萬元）了。等到小孩大學畢業，就直接把這桶金給他，既方便又省事。

2方式判斷何時要動用給小孩的資金

那看到這又會有人問，「等大學畢業才把這筆錢拿出來給小孩用，是你幫自己小孩做的規畫，我一定要等那麼久才能動用這筆錢嗎？」其實，幫小孩存 ETF 要存多久這件事情，大家可以用 2

個方式判斷：

方式1》目標金額導向

目標金額導向是指當這筆壓歲錢累積到預計要幫小孩存的數目時，就將這筆錢取出來交給他。例如想要幫小孩存到 100 萬元，那等到這筆壓歲錢累積到 100 萬元時，就可以把它拿出來給小孩。不過這邊提醒一下，要將大筆資金交給小孩的時候，要考慮他是否已經有能力運用這筆資金喔！

方式2》時間到期導向

時間到期導向是指可以在小孩離開學校、身分轉換時，將這筆錢交給他。比如說，可以在小孩 18 歲高中畢業時領出來，給他當大學的學費。或者，如果小孩 22 歲大學畢業不想要繼續念，想要創業打拼，就這時候把錢取出來給小孩作為創業基金。那如果小孩還想繼續念上去，就等 24 歲碩士班畢業再給；如果碩士之後還想要再繼續念下去的話，就等 28 歲博士班畢業再給他。總之，就是看父母和小孩自己的規畫是什麼。

幫小孩存 ETF 存多久這個問題解決以後，再來，還會有人想問，「幫小孩存 ETF，只能存 0050 嗎？可是現在 0050 很貴耶。有

圖3 投資就像滾雪球遊戲，時間愈長、效果愈好
——複利效果

夠大的資金 有閒錢就投入，加大資本

夠長的時間 要早點開始

夠大的報酬率 要挑對標的物

項目		定存	ETF
報酬率（％）		1.6	8.0
投入資金（萬元）	第0年	100.0	100.0
資金總額（萬元）	第1年	101.6	108.0
	第2年	103.2	116.6
	第3年	104.9	126.0
	第4年	106.6	136.0
	第5年	108.3	146.9
	⋮	⋮	⋮
	第10年	117.2	215.9
	第20年	137.4	466.1

沒有比較便宜的 ETF 可以存？」

　　當然有，只要去找那些和 0050 同性質，但是淨值比較低的產品，像是元大臺灣 ESG 永續（00850）、國泰台灣領袖 50（00922）、群益台 ESG 低碳 50（00923）等都可以。截至 2023 年年底，00850 的股價大約是 35 元，00922 和 00923 大約是 16 元、17 元，都比 0050 便宜許多，可以依自己的財力去挑選。

　　至於應該要何時開始幫小孩存 ETF？答案是愈早愈好。你知道為什麼嗎？因為投資就是一場滾雪球的遊戲。那要滾雪球的話，它有幾個成功要素：第 1 要有夠大的雪，第 2 要有夠長的坡，第 3 要有夠濕的雪。如果把這段話換成財務的語言來講，就是說要有夠大的資金、夠長的時間，以及夠高的報酬率（詳見圖 3）。

　　那通常投入資金部分，父母可以自己決定是要投多或是投少；報酬率的部分，則是根據選擇的標的物而有所不同。可是有一個東西，是沒辦法決定的，那就是時間。

　　譬如說，如果今天已經 40 歲、50 歲的話，還能夠投資多久？

ℹ 投資小知識》幫小孩開證券戶相關規定

在台灣，小孩只要一出生，就可以開立證券戶囉！不過因為小孩未成年的關係，所以會需要爸媽帶著小孩親自臨櫃辦理。

一般證券商關於未成年證券戶開戶的規定如下：

1. 法定代理人的身分證正本、第 2 輔助證件、印鑑（若父母其中一方無法到場，可授權辦理）。

2. 小孩的身分證正本（或戶口名簿）、第 2 輔助證件、印鑑。

3. 開立證券帳戶需設定帳戶為本人銀行帳戶做交割，無法使用他人帳戶扣款。

其他的規定，則需要跟開戶的證券商確認為準，各家證券商的規定會不太一樣。這邊提醒一下，幫小孩存股，一定要開立獨立的帳戶，不要跟父母的混在一起使用。

可是對小孩來講的話，他的人生還很漫長。那既然小孩時間還很多的話，就很適合立刻幫他存 ETF。因為愈早幫小孩存 ETF，他以後可以領到的錢就會愈多。所以，如果要幫小孩存 ETF 的話，請「現在、立刻、馬上」去做就對了！

（3-3）善用ETF折溢價套利
賺取額外收益

在這個充滿機會的金融世界中，人們總是不斷追求各種多元的賺錢方式。在 ETF 投資領域，除了前面介紹過的各種投資方式以外，這裡還有一個小撇步可以多賺一點錢進來，那就是透過 ETF 套利行為來賺取額外收益。

到底 ETF 應該要怎麼套利呢？這就牽扯到 ETF 市價和淨值的關係了。前面第 1 章已經有介紹過，ETF 本身會有 2 個價格：一個市價，一個淨值。如果市場低估了 ETF 的優點，就會給它比較低的市價；如此一來，ETF 的市價會小於淨值，產生折價。可是，如果市場低估了 ETF 的缺點，就會願意給它比較高的市價，這時候 ETF 的市價就會大於淨值，產生溢價。

由於 ETF 具有基金的特性，所以對於 ETF 來說，淨值是最重要

的。那 ETF 的淨值重要性在哪裡？只要了解什麼是「主人與狗」就可以了。

ETF的淨值與市價，就如同「主人與狗」理論

「主人與狗」是歐洲股神科斯托蘭尼（André Kostolany）用來形容基本面和股價之間的關係。這兩個就好像是主人和小狗一樣，當主人（基本面）帶著小狗（股價）外出散步的時候，中途雖然小狗會到處跑來跑去，一下在前面，一下在後面，但最後都會回到主人的身邊。

可是，將主人與狗理論套用在股票上面會有一個困擾，那就是每個人對於基本面的定義都不一樣。可是 ETF 是沒有這個困擾的，因為 ETF 的基本面就叫做淨值。所以「主人與狗」運用在 ETF 上面反而最簡單，主人就是淨值，小狗就是市價。一旦小狗離主人太遠的話，主人就會用狗鍊把小狗拉回來，讓小狗最後可以緊緊貼在主人身邊（詳見圖 1）。

舉例來說，2020 年 1 月 8 日的時候，有一檔 ETF，它的溢價幅度高達 10.26%。前面有說過，出現溢價代表 ETF 的市價遠高

於淨值，那這時候會發生什麼事情？比較高的市價當然要趕快跑回來比較低的淨值身邊，所以這檔 ETF 隔天（2020 年 1 月 9 日）的市價就下跌了。可是，ETF 市價只跌了一天的話夠不夠？不夠，因為 ETF 市價跌了第一天，溢價幅度還有 3.86%，市價還是大於淨值。所以，隔天（2020 年 1 月 10 日）ETF 市價再繼續跌，這時候溢價幅度變成 1.06%，比較貼近淨值了。當天稍晚我再去查了一次，這時候 ETF 的溢價幅度只剩下 0.63%，回歸到比較正常的折溢價幅度內。

ETF大幅溢價時，投資人可進場放空

那看到這，有人就會想問，「這檔 ETF 溢價幅度高達 10.26%，買到的人應該是痛哭流涕吧？哪來的短線套利機會？」No！No！No！當 ETF 溢價幅度高的時候，要做的事情不是買進，而是放空。只要看到 ETF 出現溢價，放空就對了。基本上想都不用想，而且像這檔 ETF 溢價幅度還高達 10% 以上，最後市價一定會跌（註 1）。

所以，當 ETF 出現溢價，尤其是 ETF 市價高出淨值太多的時候，就可以立刻進場放空。反過來說，當 ETF 出現折價時，只要先買

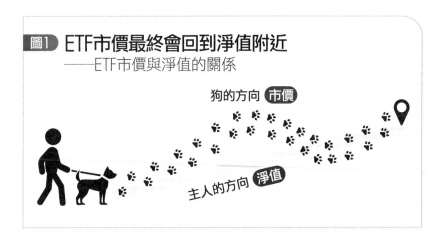

圖1 ETF市價最終會回到淨值附近
——ETF市價與淨值的關係

狗的方向 市價

主人的方向 淨值

進,之後再等市價回到淨值時賣出,就可以了。但這樣做有一個前提,那就是在進場時候,速度要快,而且要時時注意 ETF 的市價變化。因為就我的觀察,ETF 的折溢價大部分都在 3 天、4 天左右,就全部都收斂回來了,所以要搶要快。

那如果說投資人非常不幸的,不是在 ETF 出現高溢價的時候進場放空,而是跑進去買進 ETF,被套在高峰上的那個人,可以怎

註 1:有個地方要注意,該檔大幅溢價的 ETF 是否有籌碼不足的問題,若有該問題則溢價會有不易收斂的狀況發生。

麼做呢？等市價慢慢漲回來嗎？還是有什麼補救的方法嗎？

　　倘若不幸在 ETF 溢價高的時候進場，被套在最高點，這個時候可以做的就是先確認這檔 ETF 是不是值得投資的好標的。如果這檔 ETF 是值得投資的好標的，而且投資人看好它未來發展的話，那就用存 ETF 的概念，繼續定期定額的存它。或者，如果有領到年終獎金的話，也可以投入該檔 ETF；這樣一來，說不定可以早點讓套牢的 ETF 報酬率翻正。但如果買進的是異常的 ETF，那就算再怎麼存也沒有用，這時候市價就會像變了心的另一半，再也回不來了！

當流動性出狀況時，ETF恐無法修正折溢價問題

　　不過在進行 ETF 套利行為時，必須要留意一件事情，那就是並非所有的 ETF 折溢價一定都能修正回來的，這裡同樣拿前面「主人與狗」的例子來說明。

　　雖然說主人（淨值）一定會把小狗（市價）給拉回來，可是當失控的狗碰上無力的主人時，主人有可能怎麼拉也拉不回來。如果今天是主人帶著小狗走在路上，是不是主人一拉牽繩，小狗就

回來了？可是，如果今天是主人帶著大狗走在路上，主人就有可能會拉不動。或者說，如果主人帶到一隻脾氣暴躁的狗狗，也可能發生主人一拉牽繩，然後那隻狗跑過來把主人咬死的情況。

放在 ETF 上面也是同樣的道理。雖然一般情況下，ETF 的溢價一定會往淨值貼近，可是也會有那種折溢價修正不回來的情況。畢竟發行商是人不是神，它們雖然有義務要在 ETF 流動性不好的時候，把投資人要賣掉的部分收回。可是如果說情勢太過惡劣，連發行商也無法掌控情況的時候，ETF 的流動性就會不好。

那 ETF 流動性不好的話，通常意味著它的籌碼有問題，兩個是連動的。這時，折溢價修正就不一定會發生。市場上超有名的例子就是「期富邦 VIX」這一檔已經下市的 ETF。期富邦 VIX 在 2019 年 7 月～ 9 月的時候，淨值跟市價曾經出現一個很大的 Gap（落差），那時候的溢價幅度高達 30%。當出現溢價幅度 30% 時，投資人會去做什麼事情？就一堆人跑去放空，結果把籌碼放光了。後來就算富邦投信想要把這檔 ETF 的折溢價修正回來，手上也沒有籌碼可以用了，最後只能黯然下市了。

不過也不用太過擔心，像期富邦 VIX 這種因為投資者太過熱情，

放空太過熱絡，導致籌碼被用完的情況還是很少見的，大部分的 ETF，折溢價都是可以修回來的。這裡只是要說，ETF 套利行為並不是百分之百穩賺，偶爾還是會有例外情況發生的，進場前還是要有點心理準備。

至於 ETF 折溢價的資訊可以去哪找呢？其實現在各大投信的網站都會很誠實的列出，現在 ETF 到底是溢價還是折價。那如果發現 ETF 出現折價的話，就可以把握機會；如果發現 ETF 的溢價幅度超過 1% 以上，到 3%、4% 時，則可以考慮速速放空。因為說實話，台股市場到目前為止，ETF 出現比較難拉回來的狗狗是屬於少數狀況。

那如果擔心 ETF 折溢價會修正不回來的話，其實還有一個進場套利的好時機，就是新 ETF 剛上市時。這在前面有說過，新 ETF 上市時，會吸引到一批在募資期間來不及參與的投資人買進，而造成短期溢價的狀況。那 ETF 剛發行時，投信手中的籌碼是足夠的，若發生溢價的話，要短期快速修正回淨值並不是難事。故新 ETF 一上市就馬上溢價的話，對於善於放空的投資人而言，也是一個套利的機會。

透過ETF借券
增加額外的利息收入

3-4

想像一下，今天有一種很少人知道的投資方式，能夠輕鬆賺進更多錢，你會有興趣嗎？我想，多數人應該都會感興趣吧！這裡要介紹的，就是「把持有的 ETF 借給別人（即 ETF 借券）」這種新的投資方式。

人們常常在講，一頭牛能夠扒兩層皮就很不錯了，對不對？但是其實一頭牛，可以扒很多次皮。而且扒的方向不一樣的話，賺的錢還不一樣。那投資人持有的 ETF，事實上就像一頭可以扒很多次皮的牛，每次扒的話，都可以賺錢。

首先，持有的 ETF，它被扒的第 1 層皮，叫做現金股利，就是投資人買進以後，至少可以領股息（詳見圖 1）。然後，它還有一層皮，叫做資本利得，就是投資人把持有的 ETF 賣掉以後，實

現價差獲利。但有沒有想過,除了領股息、賣掉賺價差以外,持有 ETF 的過程中,難道什麼事都不能做嗎?其實不是的,在持有期間,可以把 ETF 借給別人。那別人跟你借東西,要不要付錢?要付錢,對不對?投資人借出去得愈久,可以領到的錢就愈多。

長期投資者更適合利用借券,創造另一層收入

不過其他人為什麼要跟你借 ETF 呢?他不會自己買嗎?原因很簡單,因為他看壞你持有的 ETF,不然為何要借券?當然就是借去放空啊!他就是看衰你持有的 ETF,所以先和你借 ETF 去賣掉,等 ETF 價格下跌以後再買回來歸還。

但出借 ETF 的人,真的有比較傻嗎?不一定,因為有種東西叫「軋空」(指做空者被迫買回股票,導致股價上漲)。但這裡不是要討論軋空,而是要說明投資人在 ETF 借券的過程中,可以創造另外一個收入。尤其是長期投資者,更適合這種操作方式。

為什麼長期投資者非常適合 ETF 借券呢?因為對於長期投資者來說,持有 ETF 的時間會很長,約莫有 3 年～ 5 年的時間。那在這段期間,如果只有領取現金股利,沒有其他的收入,會很可

圖1 ETF就像一頭牛，可以扒很多層皮來獲利
——ETF的不同賺錢方式

第1層皮＝ 現金股利

第2層皮＝ 資本利得

第3層皮＝ 借券收益

惜。這時，就可以透過 ETF 借券來賺取額外的收入。

下面就來說一下，這個 ETF 借券到底是怎麼一回事。為什麼會有 ETF 借券這件事情發生呢？就是因為市場上有人在看多，同時也有人在看空。那看多跟看空的人，會有不同的做法——看多的人會買進 ETF，看空的人則會賣掉 ETF 放空。可是，兩邊的願望不一定可以滿足，假如 ETF 都被看多的人買走了，那看空的人可以去哪裡放空？

以前 ETF 想要放空，就只能做一件事：要先打電話問券商手上有沒有券？券商如果有券的話，就可以先借來放空。那以前是跟

券商借，可是現在除了可以跟券商借，也可以跟投資人借。

在這個過程中，看多的人和看空的人會抱持不同想法。看多的人雖然不想賣股票，但可以借給其他人放空，叫做「出借」。對於想看空的人來說，叫做「借入」，把其他持有者的 ETF 借進來後先賣掉，等之後 ETF 價格符合預期時，再買新的歸還。當然，借入 ETF 的人要付出一點代價，也就是所謂的「借券收入」。

也就是說，在 ETF 借券的過程裡面，有所謂的「出借股票（將持有的 ETF 借給別人）」，跟「借入股票（從持有者那邊將 ETF 借進來）」，兩個不同的做法，這就是一般所說的「雙向借券」。

選擇大型證券商，更有借券機會

那在這個借券的過程裡面，會出現一個中間商——證券商（詳見圖 2）。為什麼中間商會是證券商呢？因為坦白講，投資人今天想要借 ETF 來放空，怎麼知道誰手上有 ETF 呢？只有證券商知道，也只有它才能夠幫投資人去撮合。

不過，這裡有個小地方要注意一下。今天如果投資人是想要將

圖2 證券商會媒合有借券需求和持有ETF的投資者
——股票出借有2種借券模式

ETF 實物申購、現券償還、認購權證履約、套利、避險……

出借 ETF　ETF 活化　BANK　借入 ETF　ETF 去化

長期投資ETF　收息　證券商　付息　ETF需求者

費率由供需決定

資料來源：永豐金證券

持有的 ETF 出借，那一定要注意，好的證券商帶你上天堂，冷門的證券商則讓投資人的股票永遠住在那裡，借不出去啊。講一個最簡單的邏輯，今天如果是冷門的證券商，那請問一下，證券商的客戶需求是不是就很小？那客戶需求很小的話呢，投資人今天手上有一堆 ETF 借得出去嗎？借不出去了，對不對？雙向借券通常是發生在同一家證券商內的行為，所以如果投資人今天想要出借 ETF，然後是採用雙向借券這個模式的話，那請挑市占高、客戶多的證券商，不要去挑冷門的證券商。

　　冷門的證券商為了吸引投資人開戶，會針對手續費去做折扣，例如交易手續費打 28 折。可是，一旦有了 ETF 借券，投資人就要去思考，冷門證券商的手續費雖然便宜，可是用戶的 base（基礎）也比較小，那不就代表投資人的 ETF 可能會借不出去？這時候，選擇在冷門證券商這邊開戶，其實對於想要賺取借券收入的投資人來講反而是不利的。

　　而且，今天會將持有的 ETF 出借的人，基本上都是做長期投資的。那長期投資會有很長一段時間沒在買賣，所以手續費對長期投資人來說，會有影響，但影響不會那麼大，ETF 借不借得出去可能還比較重要一點。不過這部分還是要看投資人自己的規畫，究竟是比較想要便宜的手續費？還是可以把 ETF 借出去？

解惑ETF借券時的常見4問題

　　那在 ETF 借券上面，許多人常常會問以下 4 個問題：

問題1》借出的ETF如果想賣，可不可以立刻賣出？

　　答案是不可以。要先把 ETF call 回來才可以（就是要對方把 ETF 還給你）。那 call 回來要多久？要奪命連環 call 嗎？這個其

實在投資人一開始做設定的時候，就會設定 call 回時，對方要在幾天內（例如 T＋1 或 T＋3）把 ETF 歸還。譬如說，投資人設定 T＋1，就代表 1 月 1 日 call 對方，對方在 1 月 2 日就要歸還 ETF 這樣。

這也是 ETF 借券要留意的地方。也就是說，當投資人馬上有需求要賣掉，譬如說 ETF 突然跌停，想趕快把它賣掉，結果發現手上的 ETF 剛好借出去了，而且對方放空得正開心，投資人要把它立刻 call 回來行不行？不行。對方只會在投資人設定好的時間內歸還股票。所以，其實 ETF 借券這件事情，還是有一點點風險在的，這是要注意的地方。

問題2》ETF出借後遇到除權息，沒領到股息怎麼辦？

當投資人把持有的 ETF 出借後，ETF 就不在身邊。那這時如果遇到除權息，除非投資人有提早把 ETF call 回，否則對方是不會把 ETF 還你的，投資人也不會拿到現金股利。舉例來說，假設小明手中有 20 張 ETF，其中 10 張 ETF 透過證券商的雙向借券機制借出，賺取借券費，另外 10 張 ETF 則保留在手中。那麼當遇到 ETF 除權息時，投資人只有保留在手中的 10 張 ETF 會參與到除權息，另外借出的 10 張 ETF 則被借券人拿去參加除權息。那

你可能會有疑問，這樣不是虧了嗎？少賺 10 張 ETF 的股息費用。但其實不用擔心，因為券商那邊會有一個「權益補償」機制，會要借券人把借券期間領有的股利還給出借人。

　　舉例來說，假設小明有 20 張 ETF，每股價格是 100 元，每股現金股利是 5 元，總共可領 10 萬元。若小明將其中 10 張 ETF 借給了小王，那麼小王就會擁有這 10 張 ETF 的所有權，包括領取現金股利等權利。那在除權息期間，小明原本應該可以領取 10 萬元的現金股利，但因為他將 10 張 ETF 借給了小王，所以其中 5 萬元的現金股利就變成是小王領取。不過，等到小王要將 ETF 還給小明時，必須用權益補償的方式另外支付 5 萬元給小明。

問題3》ETF股票出借後得到的收入，要不要課稅？

　　當然要課稅。只要有收入，就需要課稅。這邊會將 ETF 借券衍生的稅務問題，分成下面 2 種狀況，來解釋差異性：

①借券收入

　　借券領到的借券收入因為是「出借給他人」所獲得的收入，故在稅務上屬於「租賃所得」，需申報所得稅。若單筆出借收入超過 2 萬元，證券商依規定會先代扣 10% 所得稅。

②權益補償

借券遇到除權息後領到權益補償，則要細分為借券人是在「除權息前就賣出借券」與「參加除權息後才賣出借券」兩種狀況：

①借券人在除權息前就賣出借券：借券人實際上並沒有參加除權息，故此時出借人領到的權益補償科目會屬於「證券交易所得」，依現行規定屬於免課徵綜合所得稅。

②借券人參加除權息後才賣出借券：借券人有代為參加到除權息過程，故此時領回的權益補償科目會屬於「股利所得」，一樣併入綜合所得稅內，但可以參與股利 8.5% 的抵減稅額。

對投資人來講，最有利的方式是領回的權益補償被列入「證券交易所得」，這樣一來，原本參加除權息要被列入股利所得的部分，直接變成「免稅收入」。不過我們提醒一下，並不是每次的權益補償都會用「證券交易所得」歸還給出借人，這會有概率問題存在。

問題4》借券者看壞後市，這檔ETF是不是沒有救了？

如果有人想用高費率向投資人借券，不代表持有的 ETF 沒有救了，因為有可能對方看錯方向，或者也有可能是對方不懂。你知

道嗎？有些人就是亂做股票，亂賠一通。

　　那我今天會想要長期持有這檔 ETF，就是因為我看好它，覺得它以後股價就是會飆漲好幾倍，所以我絕對不賣。其他人可以隨便看空它沒有關係，最後會得到教訓。

　　而且還有一種情形是，對方已經被這檔 ETF 軋空了，但他沒有辦法拿到 ETF，為了不違約交割，他只好用非常高的費率來借。有時候也會有這種好康，這個時候的費率就會很高，跳到 10 幾 %，都是有可能的。

　　看到這邊，可能很多投資人會開始躍躍欲試，想要趕快把持有的 ETF 拿來出借。結果要出借的時候突然發現：資格不符。那 ETF 借券要什麼資格呢？根據規定，投資人剛開證券戶時，是不可以提出雙向借券的，只有開戶滿 3 個月以上，才能夠去辦理這個雙向借券的資格。此外，ETF 借券還有一個要求，那就是要整張才能借券，零股不行。

　　至此，我已經介紹了許多好用的 ETF 操作方式，投資人可以依照自身的需求，挑選自己想要的操作方式。假如投資人覺得這些

❶ 投資小知識》領股利大戶往往會透過借券節稅

事實上，股市有一群人會因為除權息被課徵大量稅金或是股利總額會超過 8.5% 的扣抵額度，而選擇在除權息前幾天用極低的出借費率將手中的 ETF 或是個股出借給其他人，以換取將需課稅的「股利」科目轉換成免稅的「證券交易所得」科目的機會。

這是因為會進行借券的投資人，大多是有放空的需求，拿到券的同時就會立即賣出，此時因為離除權息日期很近的緣故，可大幅提高科目轉換的機率。

操作方式太麻煩的話，也可以定期定額投資就好。只要選的是對的 ETF，並定期定額買進，ETF 就會認真賺錢，讓投資人躺著就能獲利。

解開常見疑惑
安心投資

問題1》台股已經○○點了 還可以進場買嗎？

4-1

前面 1～3 章我已經介紹許多有關 ETF 的知識與操作方式，相信只要依照自己的投資屬性先找好心儀的 ETF，然後再用適合的方法進行操作，就能夠有好的績效。接下來第 4 章，我會解答一些 ETF 操作上常會碰到的疑難雜症。

下面先來看一個過去十多年來，我最常被問到的問題，那就是，「現在台股已經 ○○ 點了，還可以進場買嗎？」這裡的 ○○ 可以帶入 1 萬 5,000、1 萬 6,000、1 萬 7,000、1 萬 8,000 等任何數字。

根據我的觀察，通常會問這個問題的人，絕大部分都是剛進股市的新手。新手因為相關的知識儲備量和經驗都還不是很充足，沒有自己的定見，所以才會問這種問題。若有人問「現在台股已

經 1 萬 8,000 點左右,還可以進場買嗎?」答案是當然可以啊,就 ETF 定期定額買下去就對了,不用想那麼多。

若空手觀望股市,往往會錯過大盤漲幅

其實我認為,「現在台股已經 ○○ 點了,還可以進場買嗎?」這個問題根本就是個假議題。2017 年台股站上 1 萬點的時候,許多人都在講「1 萬點不可以買股票」。因為在這之前,除了 1990 年台股曾經站上 1 萬 2,682 點的歷史高點以外,後續有將近 30 年的時間,台股只要碰到 1 萬點,走勢就會反轉向下,所以當時有許多人戲稱,萬點是台股的天花板。

可是,台股自從 2017 年站上萬點以後,就很少再向下跌破萬點了,每次只要跌破沒多久就會開始反彈,萬點從天花板變成地板(詳見圖 1)。

到了現在,2024 年年初,台股甚至都已經來到 1 萬 8,000 點左右。那如果說有人在 2017 年,乖乖聽信周遭親朋好友的話,認為台股 1 萬點時不能進場,不是就錯過了後續台股將近 8,000 點的漲幅嗎?

而且，如果覺得自己只有錯過台股將近 8,000 點漲幅的話，那真的是太嫩了。我從台股 7,000 點時就聽人說過，「現在台股位階太高，不可以進場」這種話，聽到現在了。那如果是從台股 7,000 點時就在旁邊空手觀望到現在，不就更嘔了嗎？

但如果你問我，台股現在是不是高點？說實在的，我也不知道，畢竟我是人，不是神。如果我知道台股後續走勢的話，我早就削翻了。不過雖然我不知道台股現在是不是高點，但是我認為，在我有生之年，會看到台股站上 2 萬點。所以如果問我，「現在台股已經 1 萬 8,000 點左右，還可以進場買嗎？」我一定都講，「可以買」，因為我是台股多頭的支持者。

將股利加回加權指數，可還原大盤實質投資報酬

為什麼我會對台股那麼有信心呢？很簡單，只要把台灣發行量加權股價報酬指數（簡稱「報酬指數」）的走勢圖拉出來看，答案就很清楚了。

看到這，相信有人會想問，什麼是報酬指數？它和一般說的台股大盤有什麼不同？為什麼我們要看報酬指數的走勢圖呢？

圖1 2017年以後，萬點變成台股的地板
── 加權指數（TSE）月線圖

註：資料日期為 1987.01.06 ～ 2024.01.02
資料來源：XQ 全球贏家

　　其實，一般在講的台股大盤，是指「發行量加權股價指數（簡稱「加權指數」）」，但這個加權指數有一個缺點，那就是它無法反映出台股真正的潛力。

　　怎麼說？因為，台股每年各家上市（櫃）公司都會配發很多現金股利出去。那只要這些公司配出去的現金股利愈多，台股的市

值是不是會跟著下降（註1）？那台股的市值只要一下降，大盤的走勢是不是也會跟著一起向下？會啊，對不對？

所以，如果只看加權指數的話，會看不出台股真正的潛力。那台灣證券交易所為了讓投資人可以看到台股真正的潛力，從2003年開始，提供一個把現金股利加回去的「報酬指數」給一般大眾參考。

看了上面落落長的一串文字，相信很多人還是不懂加權指數和報酬指數的差別。簡單來說，加權指數就是不含現金股利的台股指數，而報酬指數則是有含現金股利的台股指數。

雖然加權指數和報酬指數中間只差了個現金股利，但可千萬不要以為，有沒有這個現金股利差不了多少，差得可多了呢！

若取同樣的一段時間來做比較，單看加權指數的話，台股是從2003年1月的4,500點左右，漲到如今的1萬8,000點左右，

註1：市場稱在大型權值股除權息造成的下跌為「指數蒸發」，近幾年指數蒸發的點數每年約在500點～700點之間。

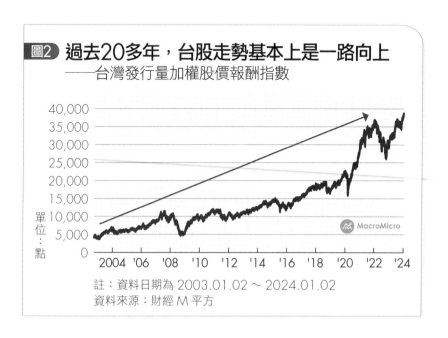

圖2 過去20多年，台股走勢基本上是一路向上
——台灣發行量加權股價報酬指數

單位：點

註：資料日期為 2003.01.02 ～ 2024.01.02
資料來源：財經 M 平方

漲幅約有 3 倍，表現是蠻可觀的。但如果改看報酬指數的話，那可就不得了了，台股從 2003 年 1 月的 4,500 點左右，漲到如今的 3 萬 8,000 點左右，漲幅約有 7.4 倍，是不是很驚人？

而且，報酬指數除了漲幅驚人以外，從圖 2 中也可以看出，它的走勢基本上是一路向上的。這代表只要今天敢砸錢買下去，之後前途就是一片光明啊。所以，甭管今天台股大盤是多少點，

ETF 定期定額買下去就對了！當然這樣做有一個前提，就是投資人買進的 ETF，必須是好的 ETF 才行，那種歪瓜劣棗，絕對不行！至於什麼是好的 ETF，前面幾章我已經有説明了，可以再回頭翻閱確認。

問題2》ETF價格一直漲 該續存還是換標的？

投資人在存 ETF 時，常常會遇到一個問題，那就是「看好的 ETF 在我買進之後，價格就咻咻咻地一直上漲，我應該要繼續存這檔 ETF ？還是應該要換一檔 ETF 來存？」

多數投資人還是習慣以整張為單位交易

其實，面對這個問題，我覺得可以考慮換個標的來存。坦白講，大部分人在做投資的時候，都習慣是以「買進／賣出整張 ETF」。就算是現在零股交易已經非常方便，許多投資人在交易的邏輯上，仍以整張作為主要考量。而且，我發現在很多討論區裡面，只要涉及到存股議題時，也都是以張數多寡作為討論基準。

所以，如果投資人今天遇到，過去看好並且買進的 ETF，價格

不斷攀升的情況，若還想要繼續購買整張 ETF 的話，投入的金額也會一起增加，甚至有可能會影響到原本的生活品質。舉例來說，假設投資人每個月的月薪是 6 萬元，原本看好的 ETF，價格是 20 元，那每個月大概只需要花 1/3 的薪水，也就是 2 萬元來投資就可以了。結果誰料到，這檔 ETF 在投資人買進之後表現超好，深受各界人士歡迎，價格也從 20 元慢慢起漲，來到 50 元。那這時候，如果還是想要買進 1 整張 ETF 的話，就必須要花每月薪水的 5/6，也就是 5 萬元才能買到。

原本投資人買 1 張 ETF，只需要花 2 萬元去投資，薪水剩下的 4 萬元還可以拿去維持日常生活開銷。那如果今天 ETF 價格從 20 元變成 50 元，投資的錢就要從 2 萬元暴增成 5 萬元，日常生活開銷只剩 1 萬元。你覺得這有可能嗎？不可能吧！

看到這，就有人會出聲反駁，如果 ETF 價格上升，那我就不存整張 ETF，改存零股 ETF 就好了啊！例如，ETF 價格從 20 元漲到 50 元，但我同樣投資 2 萬元去買 ETF，只是從每月買進 1 張 ETF 變成買進 400 股 ETF 這樣。

其實我必須老實講，這樣做是改變原本的存股思維，因為對於

ⓘ 投資小知識》挑選標的，最重要的仍是最終投資報酬率

買投資產品要看的不是價格，而是投入資金與產品報酬率表現。假如有 10 萬元資金，A 產品 100 元可以買入 1 張、B 產品 10 元可以買入 10 張，兩個產品因策略相同，在同時間繳出相同報酬率 10%。則 A 產品的獲利為 1 萬元、B 產品的獲利也一樣是 1 萬元。

由此可見，買整張與買零股與最終獲利數字無關，最重要的是投入金額與產品的報酬率，但在投資的偏好上，投資人會傾向於持有整張，故此時就必須找到指數策略近似且近年發行的產品，以便透過較低的價格來維持想持有整張的想法。

習慣存整張 ETF 的人來說，改存零股就等於改變過去的投資習慣。而只要是人類，其實就沒有那麼喜歡「改變」這件事情，無論是改變什麼。所以，雖然只是從存整張 ETF 變成存零股 ETF，但這對很多人來說，是完全不同的兩件事情。雖然投入的資金是一樣的，但買入的單位由張數變成股數，實際執行起來是不開心的。

就好比我有一位朋友，他存 ETF 也都喜歡存整張的，如果要他改存零股的話，他完全辦不到。因為他只要看到戶頭裡的股數不是整股（即 1,000 股），心情就會不好。所以，他只要看到戶頭裡有零股，他要嘛就是把剩下的零股買進來，把它變成整股（例

如原本戶頭是 400 股，就再買 600 股進來，湊 1,000 股），或者就是選擇把零股賣掉，眼不見為淨這樣。

既然這也不行、那也不行，投資人還能怎麼辦呢？其實很簡單，可以選擇同性質，但是價格比較低的 ETF 產品就好了。為什麼？只要是同性質的 ETF，就代表它們所追蹤的標的和選股邏輯是類似的，報酬率自然也會相當（詳見圖 1）。那既然報酬率差不多的話，幹嘛不挑價格尚未累積上去的來買呢？

舉例來說，同樣是追蹤台股表現的市值型 ETF，最老牌的元大台灣 50（0050），從 2003 年年中就發行了，它的價格也從原本的 37 元左右，累積到現在（2024 年年初）已經來到 135 元左右。這代表如果想要買進 1 整張 0050 的話，2003 年年中買的話，只要花 3 萬 7,000 元，但到 2024 年年初，想買 1 整張 0050，就必須花 13 萬 5,000 元才可以。

那如果同樣是追蹤台股表現的市值型 ETF，例如元大臺灣 ESG 永續（00850），它的價格又是多少呢？00850 在 2019 年 8 月發行的時候，價格大約是 20 元，現在價格則大約接近 35 元。其他像是國泰台灣領袖 50（00922）、群益台 ESG 低碳

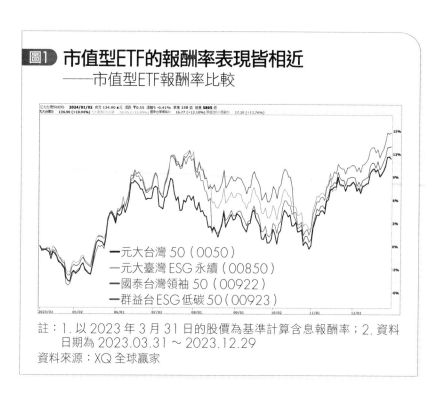

圖1 **市值型ETF的報酬率表現皆相近**
——市值型ETF報酬率比較

註：1. 以 2023 年 3 月 31 日的股價為基準計算含息報酬率；2. 資料
日期為 2023.03.31 ～ 2023.12.29
資料來源：XQ 全球贏家

50（00923），2023 年 3 月發行時，價格約 15 元，現在價
格大約是 17 元左右。

上面這一堆數字代表什麼意思？代表說，今天如果同樣投資人
想要買 1 整張與台股有關的市值型 ETF，可以不用花 13 萬 5,000

元去買 0050，而是可以改用更便宜的價格，例如花 3 萬 5,000 元去買 00850，或者是花約 1 萬 7,000 元去買 00922、00923。

買同性質但價格較低的ETF，可享2好處

那用更便宜的價格去買同性質的 ETF 有什麼好處呢？如果真的這樣做的話，至少可以獲得下面 2 個好處：

1.相同的錢可以買進更多張數，處分彈性較大

前文說，現在買進 1 張 0050，需要花 13 萬 5,000 元，那如果拿這筆錢去買 00850 呢，可以買幾張？答案是 3 張又 857 股。那假如去買更便宜的 00922 和 00923 呢，可以買幾張？答案是約 7 張又 941 股。

同樣的報酬率下，使用同樣的金額去買，甲只能買 1 張，乙可以買進 3 張，丙則可以買進 7 張，誰的「處分彈性」比較大？當然是買 7 張的丙，對不對？

如果今天市場突然來一個急殺，大家都覺得心慌慌。甲想要賣

股的話，在不操作零股的情況下，那他就只能全賣，早早就出場。乙則可以選擇先賣出個 1～2 張，留 1～2 張在手上，或者也可以選擇全賣。但如果是丙就不同啦，他可以選擇要賣 1 張留 6 張、賣 2 張留 5 張……，或者是想要 7 張全賣也行，這時候他的選擇就比甲多很多了。有選擇總比沒有選擇好，不是嗎？

2.相同跌幅，價格下跌的絕對金額較小，心理壓力小

選擇同性質但價格低的 ETF，表示在市場下跌時，投資損失看起來會相對較小，心理壓力也會比較小。

同樣用前面提到的市值型 ETF 舉例。若市場下跌 10%，0050 的價格將從 135 元變為 121.5 元，減少 13.5 元；00850 的價格將從 35 元變為 31.5 元，減少 3.5 元；00922、00923 的價格將從約 17 元變成 15.3 元，減少 1.7 元。

那你想，價格從 15.3 元爬回 17 元比較有機會？還是從 121.5 元爬回 135 元比較有機會？雖然兩者上升的幅度是一樣的，可一般人還是會覺得從 15.3 元爬回 17 元比較容易，這就是人性。所以，如果用比較便宜的價格買同質性的 ETF，心理上的承受能力會比較強，感受到的壓力會比較小。

留意4件事，以免投資成果不如理想

不過要注意，並不是說，只要選擇同性質，但是價格比較低的ETF，就可以高枕無憂了。在操作時，還是有一些需要注意的事項：

注意事項1》ETF規模

通常規模愈大的ETF，流動性愈好，在買賣時更容易成交，價格也愈高。在挑同性質但價格比較低的ETF時就要記得，不要挑那種規模太小，一不小心就容易下市的ETF。

注意事項2》ETF成交量

通常成交量愈大的ETF，價格波動愈小，投資風險也相對較小。若ETF的成交量過小的話，流動性就會不好，不但不容易交易，ETF也較容易下市。所以，在挑同性質但價格較低的ETF時，千萬不要挑成交量太小的，之後在買賣時，會很難找到人來接手。

注意事項3》ETF費用率

ETF費用率也是投資成本的一部分。如果今天有一檔同性質且價格低的ETF，但它的費用率超級高，那可能也是要好好思考一下要不要轉買這檔。因為費用率太高，是有可能吃掉投資人的報

表1 同性質ETF的實際策略也會略有不同
──元大台灣50（0050）與同性質ETF的策略描述

產品	策略簡述
元大台灣50（0050）	買進市值排序前50大公司
富邦台50（006208）	買進市值排序前50大公司
國泰台灣領袖50（00922）	買進市值排序前50大公司，但加入低碳轉型因子來調整持股與權重
群益台ESG低碳50（00923）	排除高碳排密度公司後，買進市值排序前50大公司

註：表中策略僅為概述，完整策略説明請參考投信官網資訊

酬率的。

注意事項4》不同產品的策略內涵

雖説同樣是市值型的 ETF，但各家為了凸顯產品會加入一些新的因子，像是 ESG、低碳、等權重之類的策略（詳見表1）。在加入新的因子之後，整體 ETF 的績效也會產生變化，雖説落差不大，但這也是在持有前必須要先確認的地方。先確認過該產品的策略與績效表現，與想取代的標的物有替代性後，才進行替換，這才是正確的做法。

問題3》挑ETF投資標的 選配息還是不配息好？

20 多年前，台灣首檔 ETF 元大台灣 50（0050）剛推出時，市面上根本就沒幾檔 ETF 可以選擇。要，就只能買它；不要，也沒別的 ETF 可以給你買。但現在情況不一樣了，光是股票型 ETF 就有上百檔以上，種類更是琳琅滿目，若再加上債券型 ETF，數量更是可觀。

投資人以前是 ETF 太少，沒得選，現在則是 ETF 多到不知道該怎麼選。尤其是很多人在掙扎，究竟應該要選有配息的 ETF 比較好呢？還是應該要選沒有配息的 ETF 比較好呢？

依據不同年齡、現金流需求，挑選ETF

其實關於這個問題，如果要簡單解決的話，可以用年紀下去區

表1 年輕人尚不需穩定現金流者，可挑不配息的ETF
──年輕人vs.年長者適合的ETF類型

類型	適合ETF	ETF特色	ETF波動程度
49歲以下，風險承受度高，且不需要定期獲得現金流的年輕人	不配息的ETF	多為產業主題型ETF，波動較高、帳面績效漂亮	較高
	低配息率的ETF	以市值型ETF為主	較高
50歲以上，風險承受度低，且需要定期獲得現金流的年長者	高配息率的ETF	定期有配發高額現金入袋，波動率較低、總報酬率也較低	較低

分：如果是比較年輕的投資者，可以挑不配息的 ETF，或是低配息率的 ETF；如果是比較年長一點的投資者，可以挑高配息率的 ETF（詳見表 1）。為什麼我會這麼說呢？主要在不同的年齡階段對投資所創造效果的期待不一樣。

1.不配息的ETF

先來看不配息的 ETF 好了。不配息的 ETF 表示它會把賺來的錢留下，且會把這些錢一直滾進去 ETF 裡面操作，所以帳面績效當然漂亮。像是統一 FANG+（00757）這檔 ETF，自 2018 年成立以來，就沒有配過息，但它在 2023 年的表現可說是非常亮眼，

報酬率有 92.72%（詳見圖 1）。這代表，如果投入 10 萬元，最後可以多賺 9 萬 2,720 元回來，是不是很驚人啊？

可是相對來講，不配息 ETF 的波動也會比有配息的 ETF 還要高一些，較適合年輕人投資。因為對於年輕人來說，承擔風險的能力是比較大的，就算跌倒也能夠很快爬起來。

所以在年輕的時候，選一些高波動、不配息的 ETF 的話，對於整體資本在成長上面是比較有幫助的。如果你還年輕，行為舉止卻像個老頭子一樣，不喜歡刺激感，那這樣不太行，資產累積速度會太慢。

2.低配息率的ETF

低配息率的 ETF，最典型的產品是市值型 ETF。像是前面談到的 0050、富邦台 50（006208）、元大臺灣 ESG 永續（00850）、兆豐龍頭等權重（00921）、國泰台灣領袖 50（00922）、群益台 ESG 低碳 50（00923）等以市值作為主要選股策略的產品，這類產品的配息率通常與加權指數（即大盤）十分貼近，年配息率約落在 3.5% ～ 4.5% 之間，配息的頻率大多是半年配或季配為主。

圖1 2023年統一FANG+漲幅高達92.72%
——統一FANG+（00757）績效圖

註：1. 以 2022 年 12 月 29 日的收盤價為基準；2. 資料日期為 2022.12.29 ～ 2023.12.29
資料來源：XQ 全球贏家

　　由於市值型 ETF 的報酬率走勢與加權指數貼近，長期持有可獲得與大盤近似的績效表現。若一開始投資，還不清楚自己投資的偏好與產品，那這類產品會是最佳的選擇，反正大盤漲多少，這類產品就能獲得相似的績效，不會出現大盤漲了 5%，手中的投資標的卻是跌 5% 的這種鳥事！

3.高配息率的ETF

有配息的 ETF 好處是，投資人可以在固定時間先拿到一些錢，例如年配型 ETF 就是每年可以領一次現金股利，半年配型 ETF 就是每半年可以領到一次現金股利，季配型 ETF 就是每季可以領一次現金股利……。而且如果是強調高配息率的 ETF 的話，通常它的波動會比較低，適合風險承受度低，且需要定期獲得現金流的年長者。

不過看到這又會有人想問，如果已經知道自己該選擇有配息的 ETF，可現在有配息的 ETF 還分很多種類，而且配息次數也不止一種，有年配、半年配、季配、雙月配和月配，究竟應該要怎麼選會比較好呢？

買有配息的ETF，須留意3挑選重點

如果今天要買這種有配息的 ETF（低配息率、高配息率的 ETF 皆涵蓋在內），有 3 個挑選重點，一定要注意（詳見圖 2）：

重點1》ETF可不可以一直配息？

首先，要注意這檔 ETF 它可不可以一直配息配下去？如果可以

圖2 配息次數、填息次數是挑有配息ETF的關鍵
——有配息的ETF挑選3重點

1 ▸▸ ETF可不可以一直配息？

要能一直配息才是好ETF

2 ▸▸ ETF配完息之後，可不可以一直填息？

要能一直填息才是好ETF

3 ▸▸ ETF在1年內可不可以發很多次配息？

配息次數多，投資人會愈好規畫，還可以減少被課徵二代健保補充保費的機率

一直配息配下去的，才是好ETF。因為有些ETF雖然說它會配息，但時間到了以後，卻沒有配，這種就是欺騙投資人感情的壞分子（註1）。

註1：為什麼配息型ETF會出現不配息的現象呢？這要看產品發行簡章中怎麼定義配息的發放條件，較常見的狀況是「預計配息時產品淨值低於發行價」，此時ETF就會停止發放現金股利，等到淨值超過發行價格時才恢復發放。但每一檔ETF的條件都不一樣，這點務必要弄清楚。

哪邊可以查到 ETF 的配息有沒有一直配下去呢？除了發行該檔 ETF 的投信公司以外，有一些免費的網站也已經把資料整理好了，像是 Goodinfo！台灣股市資訊網（goodinfo.tw）、MoneyDJ 理財網（www.moneydj.com/etf）等，都能查到 ETF 相關的配息資訊。

重點2》ETF配完息之後，可不可以一直填息？

然後，ETF 配完息之後，它可不可以一直填息？ETF 配完息後能不能填息這很重要啊，不能填息的產品就相當是將錢從左口袋移到右口袋，也就是俗稱的「左手換右手」。

投資人要注意一件事情，今天這種有配息的 ETF，它都是從 ETF 淨值裡面去配發的。所以如果今天 ETF 配了 5 元現金股利，那它的淨值就少了 5 元。所以 ETF 配完息之後價格有沒有辦法填回來，這件事情很重要，價格填得回來，這筆錢（指配息）才算是真的被放在口袋裡面了。

簡單來說，配息就是 ETF 在前面挖一個坑，因為 ETF 的淨值會減損，所以配息挖的坑，後續一定要給它補回來，這樣投資人才算真的有領到現金股利。那這部分的話，是投資人一定要特別去

> **ⓘ 投資小知識》股票與ETF配息vs.存款配息**
>
> ◆ **銀行配息**：本金不會有任何減損。
>
> ◆ **股票與 ETF 配息**：配多少給投資人，隔天股票市價／ETF 淨值就扣多少。例如 ETF 除息前價格 100 元、除息 5 元，則隔天開盤價格會以 95 元（＝ 100 元－ 5 元）開出，價格必須要回到 100 元，投資人才算是真正拿到配息。

注意的。

　我查了一下，近年每次配息完都有填息的 ETF 有元大高股息（0056，詳見表 2）、006208、國泰永續高股息（00878）、富邦特選高股息 30（00900）、大華優利高填息 30（00918）、凱基優選高股息 30（00915）、富邦美債 20 年（00696B）、國泰 20 年美債（00687B）等 ETF。若仔細查的話，應該還有更多，可以自行上網摸索。

重點3》ETF在1年內可不可以發很多次配息？

　最後，第 3 點更重要了，ETF 在 1 年內可不可以發很多次配息？很多人會想要投資有配息的 ETF，就是因為他想要創造被動收入。

那這個被動收入，是 1 年領 1 次比較好呢？還是 1 年領很多次比較好？例如，每年可以領 12 萬元的話，你會想要 1 年領 12 萬元，還是想要每個月領 1 萬元，領 12 次這樣？

以人性來說，當然是每個月都有領到配息，比較容易做規畫。而且每個月先把一部分現金股利放進口袋，感覺上也比較安心，不用等那麼久。以前早期推出的有配息的 ETF 有個問題，那就是它一年只能領一次配息。可是現在新推出的產品，它可以讓投資人領很多次配息，無論是季配、雙月配或月配都有。

因此，在挑選有配息的 ETF 時，除了要注意 ETF 能不能一直配息，以及能不能一直填息以外，還要注意它在 1 年內可不可以發很多次，以滿足投資人在被動收入上面的規畫。

其實配息頻率這件事情，對很多即將面臨退休問題的人來講，真的很重要。如果一次拿到一筆錢，很容易就不小心把它花光光，不然就是被騙走了。可是如果每個月只拿到一筆錢的話，反而比較容易去規畫這筆錢怎麼運用。

而且，前面有講，ETF 有沒有填息很重要。那如果 ETF 配息次

表2 近6年來，0056除息後皆在80天內填息
——元大高股息（0056）過往填息紀錄

股利發放年度	除息		填息		
	交易日	參考價（元）	完成日	收盤價（元）	花費天數（天）
2018	2018.10.23	24.36	2019.02.21	25.84	80
2019	2019.10.23	27.23	2019.12.30	29.00	49
2020	2020.10.28	28.09	2020.12.04	29.68	28
2021	2021.10.22	30.60	2021.11.08	32.39	12
2022	2022.10.19	23.74	2022.12.01	25.82	32
2023.Q3	2023.07.18	34.94	2023.07.24	35.99	5
2023.Q4	2023.10.19	33.70	2023.11.15	34.83	20

註：0056 在 2023 年下半年開始由年配改為季配
資料來源：Goodinfo! 台灣股市資訊網

數變多的話，每次扣的淨值數目就變小了，要填息也比較容易填回來。

　　以元大高股息（0056）為例了，它以前都是年配，在 2023 年下半年才開始改成季配。那根據 Goodinfo! 台灣股市資訊網的

資料，0056 在 2022 年以前，除了 2021 年填息速度特別快，只花了 12 天以外，其餘填息天數都在 28 天以上，最長一次還等到 159 天才填息。而 0056 在 2023 年下半年改成季配息以後，第 3 季只花 5 天就填息，第 4 季也只花 20 天就填息（詳見表 3），和以前填息天數相比，是不是快很多啊？

而且，ETF 配息次數多還有一個好處，那就是配息被課到二代健保補充保費的機率下降了。如果今天投資人是買股票型 ETF，那單筆領取的現金股利只要超過 2 萬元，就會被扣二代健保補充保費（註 2）。

今天 ETF A、B、C 有同樣一筆收入，其中 A 選擇一次分給投資人甲，B 切 4 次分給乙，C 切 12 次分給丙，哪位投資人比較容易被課到二代健保補充保費？當然是甲啊，因為他拿到的錢最多，最容易被課到稅。所以，以前 ETF 用年配是不是對投資人很不利？

如果甲剛好領到現金股利 2 萬元，二代健保補充保費要課

註 2：債券型 ETF 的利息算海外所得比較多，不用扣二代健保補充保費。

表3 0056改季配後，填息天數縮短許多
——0056過往填息天數

股利發放年度	現金股利（元）	填息天數（天）
2008	0	N/A
2009	2.00	51
2010	0	N/A
2011	2.20	76
2012	1.30	131
2013	0.85	116
2014	1.00	31
2015	1.00	84
2016	1.30	159
2017	0.95	61
2018	1.45	80
2019	1.80	49
2020	1.60	28
2021	1.80	12
2022	2.10	32
2023.Q3	1.00	5
2023.Q4	1.20	20

註：1.N／A 表示無資料；2.0056 在 2023 年下半年開始由年配改為季配
資料來源：Goodinfo! 台灣股市資訊網

2.11%，就等於甲要被扣 400 元。那乙的現金股利被分成 4 次給，每次都不到 2 萬元，頂多每季收個匯費 10 元，4 季就是 40 元。那 400 元和 40 元相比，誰比較便宜？當然是 40 元！

如果認為匯費 40 元不多，但如果是 120 元呢？付起來還是很痛啊！那簡單，投資人只要把配息的匯款銀行改成 ETF 的保管銀行就好了。例如投資人買的 ETF，保管銀行是元大銀行，那就把匯款銀行也設成元大銀行，這樣就不用繳匯費了，多完美！

這邊再幫大家補充一個與配息 ETF 有關的小問題，那就是「ETF 近年出現有收益平準金與無收益平準金的產品，哪種比較好？」

先解釋市場上有個特殊的追逐「殖利率」現象，不論是個股或 ETF，只要在除權息前，殖利率超乎市場預期時，就會掀起一股買進風潮。在股票方面，會是股利宣布隔天出現股價大幅上漲；ETF 方面，則是規模大幅增加。

那 ETF 規模因為追逐殖利率而增加時，就會造成一個問題：可供配息金額被稀釋。原因是參加除權息時，假如產品規模是 50 億元，宣布股利政策後吸引投資人進場造成規模增加到 100 億

圖3 有收益平準金機制，整體配息率不會下降
——有無加入收益平準金機制的配息比較

假設投資人於參與配息最後申購日（Ｔ＋11日）申購 2 億元 ETF，
對 ETF 配息率之影響：

無收益平準金機制配息法

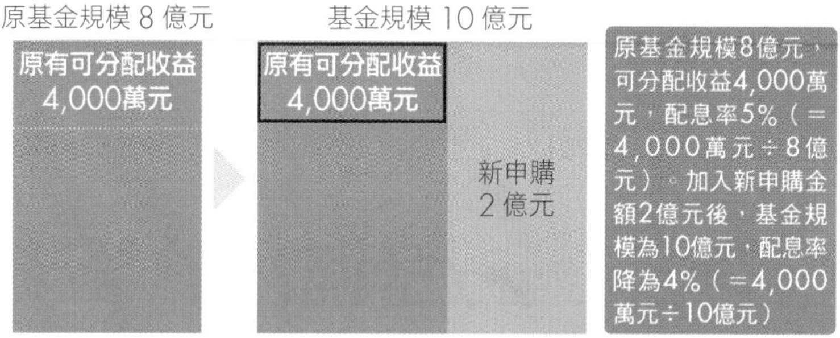

原基金規模 8 億元　　基金規模 10 億元

原有可分配收益 4,000萬元	原有可分配收益 4,000萬元	原基金規模8億元，可分配收益4,000萬元，配息率5%（＝4,000萬元÷8億元）。加入新申購金額2億元後，基金規模為10億元，配息率降為4%（＝4,000萬元÷10億元）
	新申購 2 億元	

加入收益平準金機制

原基金規模 8 億元　　基金規模 10 億元

原有可分配收益 4,000萬元	原有可分配收益 4,000萬元　收益平準金 1,000萬元	加入收益平準金機制之後，由於可分配收益加入收益平準金1,000萬元，變成5,000萬元，配息率仍為5%（＝（4,000萬元＋1,000萬元）÷10億元）
	新申購 2 億元	

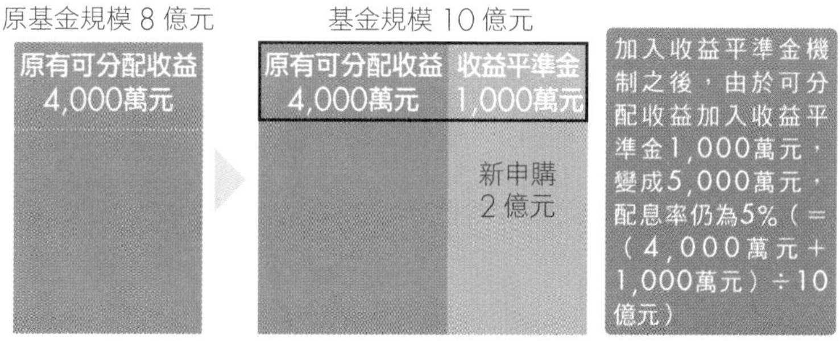

資料來源‧國泰投信

元，那因為規模增加了一倍，股息金額就相對被稀釋。

　　而收益平準金的機制則是對原有投資人公平的做法。在規模比率增加的同時，新買進的投資人有部分金額屬於收益平準金，這樣一來，就算 ETF 規模短期增加，整體的配息率也不會因此下降（詳見圖 3）。簡單來講，收益平準金是一種穩定配息率的機制，避免短期 ETF 規模的變化造成配息數字大幅變動。如果是投資高息型 ETF，那選擇有收益平準金機制的產品對投資人是比較公平的，這是因為追逐殖利率的現象一直存在於台股市場中。

　　雖然也有投資人詬病，領到的股利大多是收益平準金，甚至引起金管會對於收益平準金運用機制的關切，但追根究柢，會讓收益平準金比率占股息比重增加，那也是因為熱門 ETF 規模短期暴增的關係。所以當投資人在抱怨某檔 ETF 的收益平準金比重過高時，請檢查一下，是否因為 ETF 短期規模增加速度過快所造成。

　　至於高息型 ETF 以外的產品，有無納入收益平準金機制則相對不是那麼重要。因為這類產品的殖利率本身就不高，並不會因為股利政策公告而讓 ETF 規模在短期內大幅增加。

問題4》ETF殖利率高 如何觀察配息有無灌水？

大家都知道，台灣人在買產品的時候，就是喜歡「高息」這兩個字。那想要追求高息，就必須要觀察 ETF 的現金殖利率。只有高現金殖利率的 ETF，才能替投資人帶來高息。而近幾年，有很多 ETF，現金殖利率可以喊到 7%、8%，看了就讓人覺得很開心。

但你知道嗎？有時候你看到的現金殖利率 8%，其實並不是真的 8%，那有可能是被美化以後的數字。究竟投資人應該要怎麼判斷，高現金殖利率的 ETF，它的殖利率有沒有被灌水呢？ 其實很簡單，主要就是觀察下面 2 件事：

觀察1》殖利率是不是用現金年化殖利率計算？

1-3 有提到，殖利率有兩種：一種是「現金殖利率」，另一種

是「現金年化殖利率」，這裡再幫大家稍微複習一下。通常年配的 ETF，採用的是「現金殖利率」，也就是直接用 ETF 發放的現金股利除以它的股價。至於其他像是半年配、季配、雙月配或月配的 ETF，採用的則是「現金年化殖利率」。

那現金年化殖利率的算法又有 2 種，第 1 種是「將股息（指單次配息數字）直接乘以年度配息次數再除以股價」，第 2 種是「將股息取近年加總後再除以股價」，而坊間媒體大多採用第 1 種方式計算現金年化殖利率，例如：

◆半年配的現金年化殖利率計算＝（單次配息數字 ×2）÷ 股價
◆季配息的現金年化殖利率計算＝（單次配息數字 ×4）÷ 股價
◆雙月配的現金年化殖利率計算＝（單次配息數字 ×6）÷ 股價
◆月配息的現金年化殖利率計算＝（單次配息數字 ×12）÷ 股價

舉例來看，假設甲 ETF 是採年配息，2023 年現金股利是 1.136 元，股價是 16.97 元，所以它的現金殖利率是 6.69%（＝ 1.136 元 ÷16.97 元 ×100%）。乙 ETF 是採半年配息，2023 年上半年的現金股利是 0.68 元，股價是 15.51 元，現金年化殖利率是 8.77%（＝（0.68 元 ×2）÷15.51 元 ×100%）。是不

ⓘ 投資小知識》若配息浮動較大，現金年化殖利率恐失真

現金年化殖利率要能正確表達 ETF 殖利率的前提是「ETF 每次配息的數字不能浮動太大」。舉例來說，假如有一檔半年配的 ETF，價格為 50 元，第 1 次配息 3 元，第 2 次配息 0.5 元，則：

第 1 次配息》
通常第 1 次配息時，媒體會報導這檔 ETF 的現金年化殖利率為 12%（＝（3 元 ×2）÷50 元 ×100%）。

第 2 次配息》
第 2 次配息時，若依照相同算法，則這檔 ETF 的現金年化殖利率為 2%（＝（0.5 元 ×2）÷50 元 ×100%）。此時投資人會發現，媒體的報導會呈現靜悄悄的一片，這是因為 2% 的現金年化殖利率並沒有吸引點擊率的價值。

實際配息》
如果把這檔 ETF 的實際配息拉出來看會發現，整年度加起來是 3.5 元（＝3 元＋0.5 元），殖利率是 7%（＝3.5 元 ÷50 元 ×100%）。

上面的故事告訴我們，投資人要投入資金前，記得要先查詢該檔產品過去整年度的殖利率數字狀況，才不會被現金年化殖利率「（單次配息數字 × 年度配息次數）÷ 股價」的計算方式給誤導了。

是覺得應該要去買乙才對？殖利率超高，有 8.77%！

不過，甲 ETF 的現金殖利率雖然只有 6.69%，但它在 2023 年，

是真的會配出 1.136 元的現金股利，所以它的現金殖利率是可以相信的。可是，乙 ETF 這個現金年化殖利率，就未必是可以相信的，因為它在計算時，現金股利有一半是推估的。只有乙 ETF 在 2023 下半年也同樣配出 0.68 元，才真的能說它有 8.77% 的現金殖利率。如果乙 ETF 在 2023 下半年只配出 0.32 元的現金股利，那不好意思，投資人的現金殖利率就只剩下 6.45% 而已了。

觀察2》ETF的成分股是不是有一次性收入？

大家都知道，如果個股今年突然有一筆非常大的業外收入的話，它的獲利、配息等等，全部都會大幅飆高，進而使現金殖利率也跟著飆高。那 ETF 也是一樣，如果投資人發現 ETF 的現金殖利率突然飆高，就要去檢查它的成分股，是不是有一次性的收入灌注。

舉例來說，2021 年時，有一檔季配的房地產型 ETF，它的現金殖利率從過去的 2% ～ 3% 左右，突然攀升到快 7%，是不是看著就很心動？雖然現金殖利率快 7% 很令人心動，但請大家冷靜一下，在進場之前先去了解這檔產品到底是在投資什麼。

這檔房地產型 ETF 主要是投資在國外 REITs 相關的一個產品上面，而且它除了可以收租金之外，還有交易所得，就是可以把它持有的不動產都給賣掉。比如說這檔房地產型 ETF，它的 REITs 租金裡面有 10 棟大樓，剛好其中有 1 棟估值不錯，就可以把它賣掉。等大樓賣掉以後，這檔房地產型 ETF 就可以拿這筆錢去分配給投資人。由於大樓被賣掉的時間不一定，所以它的股息數字，就容易上上下下地浮動。

既然這檔 ETF 的股息是會上下浮動的，那就代表什麼？如果這檔房地產型 ETF 要配息的時候，剛好有賣掉大樓，就代表它當季配息的數字會特別高。例如這檔房地產型 ETF，它在 2021 年第 3 季配出了 0.382 元的現金股利，由於它是採季配，所以是用現金年化殖利率去計算，而它當時的股價約莫是 21.92 元，算出來就是 6.97%（＝（0.382 元 ×4）÷21.92 元 ×100%），將近 7%。

那如果把這檔房地產型 ETF 過去每一季的配息資料給整理出來，會發現以前的現金股利大部分就是 0.12 元、0.15 元，了不起到 0.2 元，已經是它的巔峰了。這一次這檔房地產型 ETF 發了 0.382 元，就代表這一季，也許它有做了一些大樓交易的處

分，所以導致它的配息會比較多。但它下一季還會有大樓要賣嗎？不知道。搞不好今天國外房地產噴出，或者是這檔房地產型 ETF 一直交易下去，也許下一季現金股利也會很高，但是以當時的歷史紀錄來看，是有點奇怪。

還有另一種狀況也會造成單期配息數字大增，那就是發行商將過去累積未發的可分配金額一次拿出來發。在現行 ETF 可供配息的部分有「現金股利、資本利得與收益平準金」3 大塊，主要的發放重點在於現金股利與資本利得。

那是不是當年度領到的所有現金股利與換股產生的資本利得，ETF 都會拿出來發給股民呢？實務上並不會，因為每次的配息公告到實際發放現金股利會造成 ETF 規模的變化，故每次都需要預留調整數字的空間，久而久之就會累積了不少可發放的現金股利在手中。若哪天 ETF 將之前未發放的現金股利一口氣拿出來配的時候，也會造成單期殖利率大增的現象。

想要知道成分股是不是有一次性的發放，最簡單的方式，就是觀察這檔 ETF 過往的配息狀況，看看是不是有突然升高的情形。像是表 1 舉例的這檔 ETF，最近 3 個年度的年殖利率分別為

表1 從ETF過去配息紀錄，觀察ETF殖利率波動程度
——某檔ETF近3年殖利率變化

除權息年度	除息前股價（元）	現金股利（元）	殖利率（%）	年均價（元）	年股利（元）	年殖利率（%）
2021	26.55	0.32	1.21	29.17	0.32	1.10
2022	34.61	2.80	8.09	25.27	2.80	11.08
2023	24.60	0.12	0.49	30.84	0.12	0.39

資料來源：玩股網

1.1%、11.08%、0.39%，整體落差的數字較高，表示有一年的殖利率是有一次性發放累積股利的現象。

另外，也可以觀察同質性 ETF 的現金殖利率是否表現雷同。若所有同質性 ETF 都表現平平，其中卻有某檔一枝獨秀，那可能也是有一次性收入灌注。對於這種忽然單期殖利率大增的 ETF 來說，必須要做好填息時間會拉長，且下一次配息可能不會那麼高的心理準備。

所以有時候，投資人在看這種高現金殖利率 ETF，如果看到這

一期的現金殖利率特別高，千萬不要太開心。有可能這個現金殖利率只是因為它這一季現金股利配發的數字特別的好，所以計算出來的結果會特別的高，但有可能買了之後 ETF 很難填息。所以像這種有配息突然跳增的狀況，不能說 ETF 不會填息，但機率偏低，如果它的配息比較像是一個平平順順、老老實實、誠懇可靠小郎君的話，ETF 填息的機率就會比較大。

到這邊，大家應該都已經知道，想要知道高殖率的 ETF 其殖利率有沒有灌水，首先，要注意它是不是採用現金年化殖利率計算；其次，則是要注意它的成分股是不是有一次性的收入，或是將過去累積的未發放現金股利一次性釋出。

問題5》投資ETF時單筆還是定期定額好？

在投資 ETF 時，一直有兩個派系在爭論不休。一派認為，單筆投資比較好，只要能夠在底部進場，之後就算你想輸都很難。因為如果買在最便宜的價格，賣在最高的價格，怎麼可能會輸？退一步說，如果買在最便宜的價格，就算沒有賣在最高價，只要價格漲 10% 就賣，怎麼可能會輸？另一派則認為，定期定額投資比較好，只要持續投入，長期下來就可以拉低平均成本。之後只要等到 ETF 價格回升，高於平均成本時，就能獲利。那在投資 ETF 時，究竟是單筆投資比較好？還是定期定額比較好呢？

與其猜測底部，不如定期投資資金

真不懂為什麼這個問題還需要問？當然是定期定額比較容易執行！我告訴你為什麼，因為就單筆投資來說，投資人很難確認買

進的時機點是好還是不好？買進的價格究竟是低還是高？雖然大家都在說「底部進場，想輸也難」，但基本上這是一句能納入經典的股市廢話。如果想要去追底部，至少要知道底部在哪裡，才有辦法去追，對吧？

　　但是我必須老實和各位說，你永遠不知道底部在哪裡。如果今天我能夠知道真正的底部在哪裡，早就把全部身家都壓下去了。就是因為不知道，所以在投資時才需要策略與手法來控制投資過程時的波動風險，而定期定額正是一種很直覺且配套工具完整的做法。

　　只要投資人在證券商的下單 App 中設定好扣款金額與扣款日期後，剩下的就是專心工作讓投入不中斷，靠時間來讓資本持續成長。如果是用單筆投資，投資人每次下單前會先猶豫老半天，最後就買不下去，投資就這樣破功啦！

　　關於底部，只能透過一些訊號來猜測它是不是有可能會出現。不過，就算底部訊號出現了，也不代表這時候進場，就一定是底部，這是一個機率的問題。如果猜對，那當然很好；但如果猜錯的話，不就慘兮兮，資金都被套在裡面了？所以，投資人乖乖定

期定額就好，這個策略簡單又好用。

其實，像定期定額這種真正有效的投資方式，通常投資人都不喜歡做。你知道為什麼嗎？因為聽起來很笨啊。有時候投資人很莫名其妙，簡單好用的東西不喜歡，反而喜歡那些稀奇古怪的、神祕的、搞不懂的、聽了模模糊糊的，就覺得這個東西會賺錢。這真的是很奇怪的一件事情。

透過微笑曲線，將持有成本平均化

講到定期定額，一定要了解一個東西，那就是「微笑曲線」。微笑曲線簡單來說，就是股價愈低就買愈多，這樣一直買下去，等到市價大於平均成本時，就可以開始獲利（詳見圖1）。

如果是用定期定額這種方式，在 ETF 價格下跌的過程中，一直買、一直買，這樣 10 元也會買到，8 元也會買到，6 元也會買到。然後通常投資人買到 6 元時，就會開始一直罵。如果之後 ETF 價格繼續跌，跌到 4 元或 2 元時，會罵得更大聲，然後開始在網路上散播，作者都在黑白講，定期定額根本就沒有用，只會愈賠愈多，這就是人性。

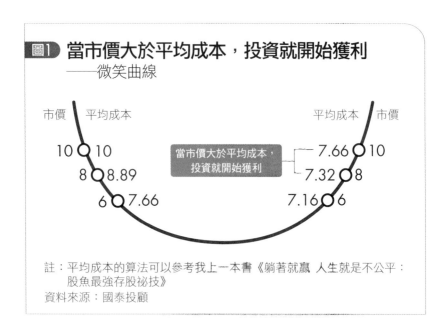

圖1　當市價大於平均成本，投資就開始獲利
　　——微笑曲線

註：平均成本的算法可以參考我上一本書《躺著就贏 人生就是不公平：
　　股魚最強存股祕技》
資料來源：國泰投顧

要知道，定期定額短期是有可能會套牢的，但如果拉長期來看，那個套牢根本就不算什麼。我跟你說，這種事情我看太多了，像前文在罵的那群人，如果他們一邊罵、一邊還是繼續用定期定額的方式在扣款，等到 ETF 價格上漲以後，他們會反過來覺得是自己很厲害，和別人炫耀說，「你看，我 10 元有買、8 元有買、6 元也有買、4 元也有買，就算跌到 2 元我還堅持繼續買。可惜 2 元的時候沒多買一點，不然現在績效會更漂亮，我真是天縱英

ⓘ 投資小知識》定額定額要獲利，還須挑長期趨勢向上ETF

定期定額要能成功，除了多空都堅持投入外，另一個重點是要挑選淨值會長期向上的產品。要投入前，先打開線圖看看該 ETF 從發行至今，淨值是否呈現震盪向上的趨勢，有的話才是最適合的標的。一檔產品的淨值要是隨時間愈來愈低，那就不適合作為定期定額的標的物。

最簡單的選擇像是元大台灣 50（0050），從 2003 年發行時的 36.98 元，到如今 127.45 元（2024 年 1 月 17 日收盤價），就十分適合作為定期定額的標的物！

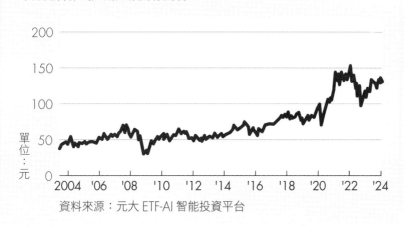

資料來源：元大 ETF-AI 智能投資平台

明。」由此可見，在用定期定額操作時，認真選擇一檔長期淨值會累積向上的產品，其他的不用想太多，就一直給它買下去就對了，之後的投資成效會令其他人欽羨。

　　定期定額背後的意義，是一個成本平均化的過程。大家都知道，市場會不停的波動，然後投資人在這個市場波動的過程中，不斷投入資金，拉平長期的成本。只要 ETF 價格愈跌，買得數量會愈多，便宜的成本也會愈多，是一個很好的投資技巧。

　　因為定期定額的操作方法就是在固定時間投入固定金額而已，所以非常適合懶人無腦的去投資，但前提是，要真的能夠有耐心地扣下去，不要因為 ETF 價格下跌就停扣了。

　　其實很多人的問題都在這邊，ETF 價格上漲的時候扣款覺得，怎麼扣這麼少，害我少賺了。ETF 價格下跌的時候抱怨怎麼還在扣，愈扣愈跌，浪費錢，然後就停掉了。若在 ETF 價格下跌時停扣，成本平準化的效果就不見了。

　　在用定期定額投資時，我會推薦採用系統化的投資方式，會是最好的。什麼叫系統化？系統化就是指透過程式自動扣款下單。一般定期定額買 ETF 有兩種方式，一種是自己去下單，就容易亂買一通；另一種則是在證券商那邊直接設定自動扣款下單。如果可以的話，一定要設定成系統的自動扣款下單，這樣才能避開人性的干擾。

因為，多數投資人在下單的過程中，常常是猶豫不決的，總認為搞不好晚個 20 秒下單，這檔 ETF 的股價就跌 1 檔了，可以撿得比別人便宜。有時候投資人多想個幾秒，大概就下不了單了，因為會一直期待有更便宜的價格出現。這就是為什麼很多人會覺得單筆投資、擇時投入聽起來很簡單，可是實際上都做不到的原因。所以，直接把定期定額設成自動化扣款下單就好。

想加速累積部位，還可加碼用定期不定額

如果投資人覺得定期定額的效果稍微慢了一些，還可以用定期不定額的方式，去加速累積部位。什麼是定期不定額？定期不定額就是在 ETF 價格下跌的過程中，除了每個月投入固定的金額以外，當 ETF 的價格跌幅超過一定程度時，還可以多投一點錢。

至於是什麼樣的跌幅才要多投一點錢呢？其實這是當初在設定定期不定額投資的時候，投資人可以在系統上設定的一個數字。舉例來說，在設定定期不定額時，可以設定整體投資部位虧損 5% 的話，定期定額金額就加上多少比率。若覺得跌 5% 太少的話，也可以設定當整體投資部位虧損 10% 時，定期定額投入的錢可以多一點。

其實到什麼樣的跌幅才要多投一點錢，這部分沒有一定的標準，因為每個人可以投入的資金和可忍受虧損的程度不同。就算我說，今天整體投資部位虧損 5%，就必須多投一點錢進去，你會聽我的嗎？不會，是不是？所以這種整體投資部位虧損 5% 就要加碼投入的邏輯也不是每個人都適用，投資人要去訂適合自己的標準。

要是標準一直訂不出來，那也沒關係，就每個月傻傻定期定額扣款就好。因為用定期定額的方式長期扣下去，久了平均成本也是會被拉低的，等到 ETF 的價格開始上漲，獲利也就進到口袋裡去了。

自從我在節目推廣「選擇淨值趨勢向上的 ETF ＋定期定額系統化投資策略」這套方程式後，收到很多投資朋友回饋告知，過去投資個股時經常虧損、追各種眼花撩亂的投資題材讓他們感到心力交瘁。自從改用上述方程式後，績效開始改善，生活重心轉變，也不再整天盯著股市看，跟家人與同事的關係都變好了。要是早點知道這套做法，投資就能少走很多冤枉路。

我知道很多人對於 ETF 與定期定額這樣的做法嗤之以鼻，但其

實這是一個很不錯的做法。就如同我看到很多資深投資朋友，也慢慢接受在保有個股投資部位之外，將 ETF 納入並將比重拉高作為核心投資部位。我相信現在熱愛個股投資的你，有一天也會轉向，選擇將 ETF 納入投資部位中，因為我就是個過來人。

問題6》空頭來臨時 要怎麼投資？

4-6

相信只要是稍微有點投資概念的人都知道，只要投資的時間夠長，就一定會碰到股市的多頭和空頭。因為「物極必反，盛極必衰」，這是一個自然的現象。

如果是碰到股市多頭，基本上沒什麼疑問，因為只要不是故意挑什麼奇怪的 ETF 來操作，那幾乎是隨便買都可以賺到錢，只是賺多賺少的差別。

可是空頭就不一樣了，許多人碰到股市空頭，就好像被下了定身咒一樣，只能站在原地乾瞪眼，傻傻地看著帳面損益不斷下跌。那問題就來了，究竟空頭來臨時，應該要怎麼投資比較好呢？

其實，當股市面臨空頭跟修正的時候，才是見證 ETF 真正實力

的時候。如果投資人選到對的 ETF，空頭來的時候根本就不會怕，甚至還會愈跌愈開心。這就好像是今天有一款愛馬仕（Hermès）包包，原本要價 60 萬元，今天破盤大拍賣，用 3 折的價格出清，只要 18 萬元就可以把它買回家，那你是不是很開心？是不是馬上衝到現場買下來？

投資 ETF 也是同樣的道理。如果投資人今天持有的 ETF，在其心中的地位就跟愛馬仕一樣，那 ETF 價格下跌不就跟千載難逢的愛馬仕跳樓特賣會一樣？真正在做存股的投資人應該感到開心才對，因為可以買進更多單位數。

那如果說，雖然愛馬仕很好，但要真遇到下殺 3 折這種幅度，心臟實在是受不了，那也沒有關係。現在市面上的 ETF 那麼多檔，如果無法忍受大幅度的震盪，就去挑那種比較抗跌或低波動的 ETF 來投資就好啦！

3類ETF具有抗跌效果

至於說什麼樣的 ETF 具有抗跌效果呢？大致上來說，有 3 種類型的 ETF，比較具有抗跌效果：

類型1》高息型ETF

高息型 ETF 通常會以「高現金殖利率」為選股標準,而這些高現金殖利率的股票,常常都是屬於防禦型的產業,像是電信業、公用事業、金融業、傳產化的電子股等,由於這些產業的營收與獲利相對穩定,所以比較不容易受到景氣波動的影響,相對抗跌。

此外,高息型 ETF 會定期配發高額現金股利,就算股市下跌,投資人還是可以獲得穩定的現金流,所以比較不會輕易拋售手中持股,這也是高息型 ETF 相對抗跌的原因之一。

那高息型 ETF 中,又有一種是納入「低波動(Low Beta)」作為因子的產品。在介紹什麼是低波動之前,先問大家一個問題,「在投資的過程中,是不是每一檔個股都跟加權指數有相似的漲跌幅度?」顯然這個答案很明確,沒有。不同產業在漲跌的過程中,會有明顯的產業特性。以電信股來講,投資人對它的感覺通常是股價很溫吞,不論市場如何變化,它總是呈現不太會跌也不太會漲的特性,那這種就是典型的低波動個股。

簡單來說,以加權指數為基準來看,漲跌幅經常高於加權指數的,稱為「高波動個股」;反之,漲跌幅經常低於加權指數的,

表1 Beta係數低的ETF，波動率較小

——各類型ETF的Beta係數和波動率

代號	名稱	2023年 Beta係數	2023年 波動率（％）	ETF類型
00713	元大台灣高息低波	0.56	9.21	高息型＋低波動因子
00878	國泰永續高股息	0.78	13.25	高息型＋ESG因子
0056	元大高股息	0.82	13.49	高息型
00850	元大臺灣ESG永續	0.94	12.28	市值型＋ESG因子
0050	元大台灣50	1.07	14.45	市值型
00733	富邦臺灣中小	1.15	24.01	策略型
00757	統一FANG+	1.27	25.83	主題型

資料來源：CMoney

稱為「低波動個股」。通常大家會使用「Beta 值（波動係數）」來直觀地判斷個股屬於哪種類型，像是 Beta ＞ 1 屬於高波動個股，Beta ＜ 1 屬於低波動個股。部分高息型 ETF 會將 Low Beta（低波動）當成它的選股標準之一，遇到大盤回檔的時候，這類 ETF 低波動的特性也能產生抗跌的效果。

從表 1 來看就很清楚，以貼近加權指數報酬的市值型 ETF——

元大台灣 50（0050）來看，其 Beta 值為 1.07、波動率為 14.45%；而高息型 ETF 代表的元大高股息（0056），其 Beta 降為 0.82、波動率也降至 13.49%；納入低波動因子的高息型 ETF——元大台灣高息低波（00713）數字更低，Beta 僅為 0.56、波動率更低至 9.21%。其他像是以追求高波動、高報酬的策略型 ETF——富邦臺灣中小（00733）、主題型 ETF——統一 FANG+（00757）來看，Beta 都高於 0050、波動率甚至超過了 24%。

類型2》債券型ETF

債券型 ETF 也是相對抗跌的一個族群。但因為債券型 ETF 的投資邏輯跟股票型 ETF 有點不一樣，所以如果是對於總經比較有概念的投資人，也許可以針對債券市場，去做一些研究討論，或者是可以回頭翻 2-3 有關債券型 ETF 的介紹，這裡簡單說明一下。

通常在股市下跌時，資金會湧入相對穩定的債券市場來避險，這會推高債券的價格，降低債券的波動性。所以會看到在股市下跌時，債券型 ETF 常常是不跌反升。

而且，因為債券是會固定配發利息的，這表示就算遇到股市或

債市下跌，債券所支付的利息金額仍舊不變。那既然債券型 ETF 是由一籃子債券所組成，就表示債券型 ETF 在股市或債市下跌時，收到的利息也不會變少，那它可以配出的利息也不會有太大變動。所以投資人就算股市或債市下跌，也是能有穩定的現金流進來；這樣的話，投資人就比較不會因為恐慌而隨便把手中持股賣掉，這也是債券型 ETF 相對抗跌的原因之一。

不過，在投資債券 ETF 產品時，要記得關注美國聯準會（Fed）的利率政策是否處於明確的升降息循環週期之中。

一般常說債券屬於避險資產，通常有「股跌債漲」的特性，這是因為當股市大跌的時候，資金會湧入債券市場避險的緣故。但這是基於利率政策穩定時，若是市場正處於 Fed 升息循環的時刻，那就算股票市場大跌，債券市場此時恐怕也是自身難保的狀態（詳見圖 1），就像是 2022 年時出現的「股債雙殺」狀況。

由於 2022 年離現在比較近，所以有許多人因為當年度股債雙跌的現象，開始出現「債券避險的功能性是否已經消失？」的疑問。但其實股債雙殺在歷史上是比較罕見的情形，不要把特例當成是常態。

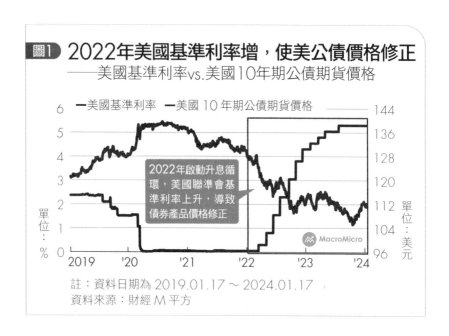

圖1 2022年美國基準利率增，使美公債價格修正
——美國基準利率vs.美國10年期公債期貨價格

註：資料日期為 2019.01.17 ～ 2024.01.17。
資料來源：財經 M 平方

不信把 1928 年～ 2022 年，美國股票（以標普 500 指數（S&P 500）為代表）和債券（以美國 10 年期公債指數為代表）的報酬率統計資料拉出來看。從圖 2 中可以發現，過去 90 多年來，美國市場僅出現 5 次股債雙殺的現象，絕大部分的時間都處於股債雙漲居多。

我想投資人可以參考圖 2 的統計資料來思考，股債雙跌是屬於

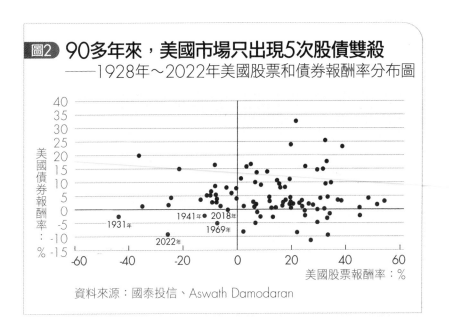

圖2 90多年來，美國市場只出現5次股債雙殺
——1928年～2022年美國股票和債券報酬率分布圖

資料來源：國泰投信、Aswath Damodaran

常態性事件或是非常態性事件，來作為對債券市場是否適合納入
布局的判斷！

類型3》房地產型ETF（REITs）

另外還有一個抗跌族群，是房地產型ETF，一般把它叫做
REITs，就是不動產證券化的投資型產品。RFITs因為主要是領取
租金收入，所以在股市下跌時，也是相對抗跌的標的。

> **ⓘ 投資小知識》權益型REITs以租金收入為主**
>
> ◆**權益型 REITs**：收入來源為買賣及經營管理不動產獲得的租金和管理費用，而非買賣的價差，另部分會投入不動產相關公司的股票。
> ◆**抵押型 REITs**：將錢投資於貸款、不動產抵押貸款證券（MBS）等標的。
> ◆**混合型 REITs**：同時投資於不動產和不動產抵押貸款。

這邊提醒一下，書中所討論 REITs 產品時大多是指權益型的產品，而抵押型和混合型的產品較為特殊，不在討論之列。

上面 3 種 ETF（高息型 ETF、債券型 ETF 和權益型 REITs）是台股中相對抗跌的 ETF，但因為在投資市場裡面，投資人比較熟悉的抗跌商品，應該是高息型 ETF，所以下面就用高息型 ETF 做例子，來帶大家看看，所謂的抗跌商品究竟是指什麼？

其實 ETF 抗不抗跌，它是一個相對的概念，只要 ETF 跌得比加權指數還少，就會說這檔 ETF 抗跌。下面就來看台股最近一次大跌時，加權指數和高息型 ETF 的表現。

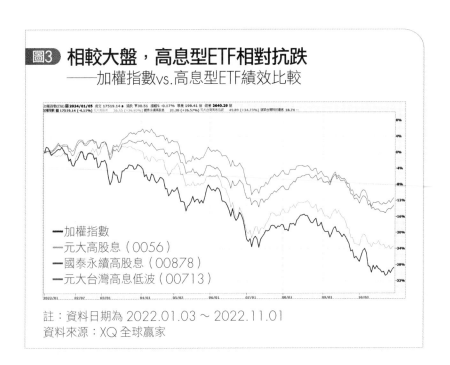

圖3 相較大盤，高息型ETF相對抗跌
——加權指數vs.高息型ETF績效比較

- ━ 加權指數
- ─ 元大高股息（0056）
- ━ 國泰永續高股息（00878）
- ━ 元大台灣高息低波（00713）

註：資料日期為 2022.01.03 ～ 2022.11.01
資料來源：XQ 全球贏家

　　如果回頭去看 2022 年台股大跌那段期間的表現會發現，2022 年 1 月 3 日至 2022 年 11 月 1 日，加權指數跌了 28.64%，但高息型 ETF 中的 0056 只跌了 23.28%、國泰永續高股息（00878）只跌了 13.07%、而名稱寫有「低波」的 00713（元大台灣高息低波）表現更猛，只跌了 11.29%（詳見圖 3）。

這幾檔高息型 ETF，有沒有哪一檔跌得比加權指數還要多？沒有，對不對？既然沒有的話，它當然就是抗跌了。不過，雖然0056、00878、00713 它們一樣是高息型 ETF，但是它們在策略的設計上有點不太一樣。

拿 00713 來說，它的成分股裡面，比較多像是電信類股、民生類股、民生服務類股，這種股價較穩定的低波動族群，所以它在股市下跌時，跌得也比較少。那像 0056、00878 這種，既能領取高現金股利，又有機會賺取資本利得的，相對來講，波動就會稍微大一些些，抗跌能力就會稍微弱一點這樣。要知道，凡事有一好，沒兩好。如果希望 ETF 上漲的時候有比較好的表現，那可能也要接受在下跌循環的時候，ETF 的跌幅可能也會比較深，這是一個相對的概念。

掌握3原則，降低股市空頭投資壓力

那如果你說，道理我都知道，但在股市空頭時，只要打開 App 一看，一片綠油油，就覺得心情很鬱悶，常常會吃不好，睡不好，有時候半夜睡覺還會驚醒，該怎麼辦？那你可能已經投入過多的資金導致自己無法負荷了，或者是買到一個不適合自己的產品。

其實，以前年輕的時候我也會這樣，但是我現在已經達到另外一個境界了，可以和大家分享一下我的經驗。如果在股市空頭時，會覺得投資造成壓力，那表示可能在投資的設定上出了一些狀況。針對這部分有 3 個原則，可以幫助改善這個情況：

原則1》量力而為，挑選適合自己的ETF

首先，了解自己，量力而為。如果你是一位保守的投資人，結果跑去買高波動的 ETF，這絕對是場災難。

和大家分享一個小故事。過去我曾經遇到一個案例，有個投資人驚慌失措地私訊我，說他買的產品大跌了，該怎麼辦？接著他傳了一個線圖給我。乍看之下這檔產品的股價似乎是大跌了，但我看不出幅度有多少，就請他給我完整的線圖與標的物名稱。結果不看還好，一看我就無語了，什麼嘛！才跌了 1% 多，有什麼好大驚小怪的？我還以為是買到興櫃股，一口氣跌了 30%。

後來經詢問得知，這位投資人原本都是將資金放在銀行定存之中。朋友跟他說股市的殖利率比銀行高了好多倍，他聽了很心動，就將定存解約，投入股票市場，結果一買進股價就下跌，嚇壞他了。要知道，他以前把資金放在銀行一整年的利息才 1% 多，結

果買股票 1 天就把存 1 年的利息給賠光了，叫他怎麼不心慌？其實這就是典型的買錯商品了。如果怕風險、怕虧損的話，定存與儲蓄險這種 100% 保本的投資商品才是你的好朋友。只要是進股市，有哪個沒賠過錢的呢？想要在股市賺 10%，就要有接受 10% 虧損的心理預期，切記！切記！

所以一定要了解自己的能力到哪裡？適合什麼樣的 ETF ？挑對 ETF，才能夠正確的去投資。

如果不知道自己的投資屬性是什麼？可以在券商或是銀行的網站中做「投資屬性」的線上測試。請記得要誠實回答，完成後就會告訴你投資的偏好與風險的承受度落在哪個區間（以 RR1 ～ RR5 來表示。RR1 是保守、穩定、低報酬，RR5 則是高波動、高預期報酬），記得挑該區間的產品就好。

一般來說，ETF 產品大多在發行簡章上會標示其風險等級，投資人在做完風險屬性測試後，就可以按照結果來選擇適合自己風險屬性的產品。以常見的分類來看，債券型 ETF 多為 RR2 等級；高息型 ETF 落在 RR3 等級～ RR4 等級之間；市值型 ETF 落在 RR4 等級；單一產業主題型 ETF 則落在 RR4 等級～ RR5 等級

圖4 可透過風險屬性選擇合適的ETF標的
——風險屬性分類

	RR1	RR2	RR3	RR4	RR5
風險程度	低	中等	中高	高	最高
追求目標	穩定收益	穩定收益	兼顧資本利得和固定收益	追求資本利得	追求資本利得
適合產品	定存	債券型 ETF		市值型 ETF 高息型 ETF	產業型 ETF

資料來源：基富通

之間（詳見圖4）。

原則2》關注ETF的前景而非年度報酬率

再來，不要只看著年度報酬率走，應關注 ETF 的前景。由於不

同的產品在不同的時間點裡面，會有不一樣的報酬率表現，所以在看 ETF 的時候，要留意的是以下這 2 件事：

1. 這檔 ETF 的投資策略我喜不喜歡？我對它的題材前景是不是看好？如果看好，也投資了，才有機會抱到完整的大週期。像是電動車題材的 ETF，要是投資人對於電動車的發展不以為然，覺得油車才會是永遠的主流，那還買進電動車 ETF 的產品幹嘛？不要跟我說，因為你覺得這個產品會漲所以就買。在這種心態之下，只要有一點風吹草動，你的心就開始浮躁，絕對是抱不住的！

2. 不要只看單一年度的報酬率來決定要不要投資：如果今天在挑選投資商品的時候，永遠都是在看它年度報酬率的績效，就有可能會挑到在特定時間點表現很好的 ETF。可是，如果在 ETF 表現很好的時間點沒有參與到，反而參與到它開始修正的這一段，那不是很慘嗎？

要記得，產業是不停地在輪動，沒有哪個產業會是永遠的贏家。若剛好有一檔 ETF，持有大量當下題材的個股，那在當年度的績效，肯定不差，但隔年會繼續如此嗎？恐怕是要打個問號。ETF 是一種投資組合與投資策略的結合體，而投資策略是決定這檔產

品成敗與績效的關鍵，「好的策略帶你上天堂，爛的策略讓你住套房」，不要只看到單一年度投資報酬率很高就衝進去了。

以表2來看，成立超過5年的ETF中，若比較每一年的績效冠軍排名與種類，可以看出，每年的第1名隔年就換人坐坐看，甚至連種類都不相同。這表示產業績效數字不停地在科技、海外、金融、策略、中小、低波、高股息等各種題材中輪動。若是選ETF時以追績效作為主要考量，當你看好績效買進後，隔年的結果恐怕不如預期的機率會很高！

原則3》用閒錢投資

最後一個很重要，那就是要用閒錢投資。你知道為什麼要一直強調閒錢投資嗎？因為投資千萬不要給自己造成太大的壓力。尤其是股市大好的時刻，很多人就會想透過抵押或是質押的方式，來取得更多資金加碼投入市場之中，這容易讓整體的投資曝險超過自身能負擔的程度。

如果你今天會想要借錢來投資，那我只想問一個問題，「你有沒有想過，如果股市下跌怎麼辦？」如果沒有想過這個問題，千萬不要去借錢來做投資。

表2 產業不斷輪動，每年冠軍換人做

年份	第1名	
	名稱	績效（%）
2019	富邦科技（0052）	49.64
2020	統一FANG+（00757）	91.10
2021	富邦臺灣中小（00733）	63.21
2022	國泰標普低波高息（00702）	8.28
2023	統一FANG+（00757）	94.20

資料來源：CMoney

　　許多人在做投資決策的時候，永遠都是看著股市上漲的那一段，而沒有思考能不能接受股市下跌的風險？而且不要忘記了，借錢的期間是需償還本金與利息的，這都是成本與壓力的來源。事實上，很多人借錢後都會因為要不停地償還利息與本金的關係，導致原本想要做長期投資的邏輯變成是短線頻繁交易，認為這樣才能快速賺到錢還掉貸款，殊不知這正是投資失敗的主因。

　　說真的，如果遇到股災，你敢進場嗎？我跟你說，股災時敢進

── 近5年ETF績效前3名

第2名		第3名	
名稱	績效（%）	名稱	績效（%）
富邦深100（00639）	48.37	富邦臺灣中小（00733）	44.03
富邦科技（0052）	58.56	富邦深100（00639）	48.11
元大中型100（0051）	42.55	元大MSCI金融（0055）	40.53
富邦印度（00652）	4.79	國泰美國道瓊（00668）	1.12
富邦臺灣中小（00733）	72.55	元大高股息（0056）	57.99

場的人，在真實世界中其實比例很低的，大部分嚇都嚇死了好不好？想想看，股災是不是所有人夢寐以求的低點時刻，那為什麼這個狀況出現的時候，反而投資的人變少了呢？

不要忘記了，人生除了投資之外還有很多事情需要面對。通常股災發生的時刻，除了加權指數重挫之外，就業市場肯定也是淒風苦雨。當發現隔壁部門整個裁掉、自身工作可能不保，但償還各種貸款與支付各種帳單都不能中斷時，誰還有心情在那邊勇於

進場？能保住現金撐過去最重要了。此時市場就會出現「現金為王」的口號。而當奉行「現金為王」的時候，怎麼可能會在股災大舉進場呢？投資除了是技巧的比拼外，也是一場人性的搏鬥！

投資是有技巧的，如果這麼簡單就可以財富重分配的話，那我想應該是沒有窮人才對。所以我說，沒事不要借錢去投資，把自己搞得壓力那麼大是要幹什麼？用閒錢投資就好。這樣一來，就算這筆錢賠光，也不會影響到正常的生活，晚上才睡得比較安穩。

話雖這樣說，但多數人還是偏好短線交易與借貸投資，為什麼會這樣呢？股神巴菲特（Warren Buffett）曾有這一段話可以很精準地描述這樣的狀況，「很少人願意慢慢變有錢，多數人只想快速獲利！」

問題7》當ETF價格下跌需要停損嗎？

市面上有許多關於股票買賣的投資書籍，都教導大家在進場前必須先設定停利點和停損點，這樣才能更好地控制風險。

那有人就會想問，「個股設定停利點和停損點我能夠理解，因為它的風險比較大，但是 ETF 已經是投資一籃子的股票了，風險不是已經被分散了嗎？既然這樣的話，ETF 還有需要停損嗎？」

出現2種情況可執行停損

其實，ETF 的風險雖然已經被分散了，但風險並不是就此消失，因為只要是投資，就一定會有風險，所以 ETF 也是需要停損的。不過，停損是有技巧的，我通常在下面 2 種情況出現時，就會去執行停損：

情況1》ETF投資題材前景轉差

第 1 種要停損的情況是 ETF 投資題材前景轉差，通常這會發生在產業型 ETF 上。有時候投資人去買產業型的 ETF，是因為看好它所參與主題的前景，例如看好 5G 前景就跑去買 5G 相關的 ETF。那如果這個主題的前景變差的時候，就必須停損，不要傻傻地抱下去。因為進場的理由已經消失了，投資人沒有必要和它拼下去。

情況2》購入之後ETF價格持續下跌

還有另外一種停損的情況，就比較少發生，那就是 ETF 在投資人購入之後，價格持續下跌。例如 ETF 在買進之後，2 週內價格就下跌超過 15%，這種我就會馬上賣掉。

不過我覺得 ETF 要發生這情況，機率還蠻低的。因為 ETF 是一籃子股票，有可能有 1、2 檔成分股表現變差，可是其他成分股表現沒有這麼差的時候，還是可以維持住它的價格表現。

但要注意，機率低不代表不會發生，如果發現 ETF 在布局之後，在很短的時間內就有超過 15% 以上的跌幅，那我就會建議立刻停損。

　　至於停損時是要一次全賣，還是要分批賣？這主要是看個人的操作習慣。我自己通常是會分 2 次賣，多半是下跌 10% 就先賣掉一半，如果再跌 10% 的話再賣掉一半，算下來就剛好是跌 15%（註 1）。

　　那下跌 5% 就停損不行嗎？當然也可以，以實際的狀況為準。一般來講，「下跌幅度 5%、7%、10% 就停損」的規則都有人在使用，並不需要拘泥在 10% 這個數字，這只是我慣用的比率而已！

　　我跟大家說，停損這件事情，不要在跌幅很大的時候才來做。跌幅大時，要再翻身很難。不同的跌幅，跟要漲回來的幅度，是不太一樣的。舉例來說，跌 10%，要漲 11% 才漲得回來；跌 20%，要漲 25% 才漲得回來；跌 50%，要漲 100% 才漲得回來（詳見表 1）。如果跌幅很深的時候，才來停損，之後想再靠其他標的物把虧損部分補回來，那個難度是不一樣的。

註 1：第一次下跌 10% 賣掉一半持股，所以是 -5%（＝ -10%×0.5），再跌 10% 再賣掉剩下那一半持股，是 -10%（＝ -20%×0.5），加起來就是 -15%。

投資人不能夠永遠用賺錢的邏輯，去思考要怎麼投資。市場有風險，不能夠在沒有想到虧損的情況之下，就去投資。有可能股市跟你想的方向不一樣，你的資金就會在一瞬之間賠光了。

我們應該要像「股神」華倫‧巴菲特（Warren Buffett）的最佳戰友查理‧蒙格（Charles Munger）所說的：「如果我知道我會死在哪裡，那我將一輩子不去那個地方。」只要能夠避開輸家的特性，就能夠成為投資贏家。

避開4種股市輸家特性，成為投資贏家

下面我就來幫各位整理一下，股市輸家的特性，其實輸家很多都長得一模一樣。

特性1》沒有投資策略的思想

首先，沒有投資策略的思想。其他人說這個好，他就跑去投資，然後沒有技巧，也沒有想法。像這種人云亦云的，很容易買了一堆產品也不知道該怎麼處裡。特別是跟著績效跑，或是跟著媒體近期熱門清單買進的投資人，容易不小心就失心瘋買了一堆重複性高的商品。以 2023 年為例，股市掀起高股息的風潮，此時觀

表1 在跌幅達50%時停損，需賺100%才能回本
——停損表

跌幅（％）	剩餘本金（元）	賺回本金所需獲利幅度（％）
5	95	5
10	90	11
15	85	18
20	80	25
25	75	33
30	70	43
35	65	54
40	60	67
45	55	82
50	50	100

註：假設原始本金為 100 元

察投資社群的分享會發現，多數人都同時持有多檔以上的高股息產品。

特性2》情緒容易隨市場起伏

第 2 個，情緒容易隨著市場起起伏伏。其實這跟第 1 點是相呼

應的，因為你沒有策略邏輯、沒有中心思想，所以只要股市一下跌就怕得要死，上漲的時候就一直在追漲，整個就是隨波逐流。

不要說你偶爾 1 檔、2 檔有賺到錢，我只問一件事情，「你的整個投資部位有沒有賺到錢？」輸家總是關心賺錢的那檔報酬率有多高，忽略賠錢的部位；贏家則是關心今年的總投資部位增加了多少。

要讓自己愈來愈有錢的關鍵是「總資產有沒有上升？」，如果只是每年都 1、2 檔賺錢，但總資產原地打轉，那終究也只是一場空！注意力一定要放對地方。

特性3》整天想要All in、快速致富

第 3 個，就是整天想著要 All in（重壓）、快速致富的，其實這就有點類似賭徒的想法。賭徒是什麼？就是感覺有機會翻身，就會把所有東西都壓在檯面上，希望能立刻翻身。很多時候，你以為自己是在投資，但其實你是在投機，這是很危險的一件事情，壓錯你就 Game over 了！網路曾有句流行語：「不要怕 All in，贏了會所嫩模，輸了下海幹活！」這句話某種程度上也是反映了許多人將股市當成賭場的心態！

ⓘ 投資小知識》如何計算投資總資產？

總資產是什麼？有人將其定義為投入在投資市場的部位（包含現金、股票、ETF、債券、REITs 等具有增值潛力的標的物），也有人是連同房地產、黃金都納入計算。但重點在於每年都要計算被定義成是「總資產」的統計數字是否有逐年上升。

有些人在股市沉浸多年，經常炫耀買到飆股、賺到多少報酬，但總資產卻不見得有跟著上升（例如賺了 A 股票、賠了 B 股票、C 債券、D ETF，合計後反而是減少）。這其實只是賺到一個爽度而已，實際上財富並沒有增加。

如果說「面子（買到高報酬率飆股）」跟「裡子（總資產數字）」都有賺到當然是最好的。但若要兩選一的話，我一定毫無猶豫的選「裡子」。因為只有裡子變好，才能真正地讓自己過得愈來愈好，不是嗎？

但你以為人生是虛擬遊戲，賭錯了可以按下 Reset 鍵重來嗎？你一定是動漫看太多了。真實人生可沒有重來鍵，只能一步一步踏實地往前走，不要只是看到低機率賭贏的那幾個人。

要知道在財經領域中，有個著名說法是「倖存者偏差」，意思是過度關注「倖存」的人事物，從而忽略那些沒有倖存的，便會得出錯誤的結論。「那些賭一把重壓翻身成功的，究竟是多數人？抑或是少數概率性事件的結果？」值得你好好地想一想。

特性4》討厭工作

第 4 個是最嚴重的，討厭工作。如果討厭工作，只是把投資當成是一個可以擺脫工作的理由的話，這出發點就錯了。其實很多人投資的資金，都是從哪裡來的？從本業來的。第 1 桶金不就是靠你拚命工作賺來的嗎？工作做得好，加薪的機會多，可能你可以領到的獎金比別人多，那你能夠拿到市場投資的閒錢，不就比別人多嗎？閒錢多，才有機會可以更快地達成財富自由。

更何況，財富自由背後的目的大多是為了「選擇的權利」。當你透過投資的手段獲得足夠的現金流，且這筆現金流足以支付日常所需時，你就獲得了極大的選擇權利。想想看，要是一個人被日常財務狀況壓得喘不過氣來，只要一離開現在的工作，馬上會出大問題。試問你有追求理想的勇氣嗎？肯定會在現實與理想的天平中做出妥協。

可要是你獲得了財富自由，那狀況就不一樣了。要是覺得待在公司繼續發展的空間不錯、與同事相處愉快，那繼續留在公司也是一種選擇。但若是覺得繼續待在公司並非是自己最理想的結果，那選擇離開或是找一份壓力較低的工作也是可以的。所以要記住，財富自由能讓你有選擇的權利。

但倘若投資的目的是因為討厭工作，想早點透過投資讓自己以後都不用工作，那相信你在工作方面的績效也不會太好。這道理很簡單，打從心裡就厭惡工作的人，怎麼會花費心思做好工作呢？既然不會花費心思做好工作，那表現就不會太好；表現不好，就很難獲得被提升的機會；沒有提升的機會，要增加可投入的資金就變得很困難；投入的資金愈少，那不就離目標反而愈遠了？

在我的經驗裡，那些獲得財富自由的人，通常在工作上都是很認真的，工作的績效、KPI等都有很好的表現。也因為如此，在職涯也是順風順水的，不停獲得加薪機會與領到不錯的激勵獎金，這也讓他更早有更多的閒錢投入市場中，獲得報酬的機會。

其實很多輸家，都是看到機會，就忘了風險，這個就是事情只看一半的。有時候人們在做投資決策的評估，都是用賺錢的想法來做評估的，並沒有考慮到風險，看到機會你就會想要 All in，一口氣賺起來。但實際上，你常常沒有翻身，反而賠了一屁股債。原本日子過得好好，結果自己卻把它搞砸了。

為什麼很多人在投資這個過程裡面，會很想要 All in 呢？就是因為他急著想要賺大錢。但我跟大家說，「財不進急門」。賺錢

這種東西就是細水長流，不要急，一步一步踩好踩穩，時間到了，自然就會賺進屬於你的財富。「福不進偏門」，不要老是用一些旁門左道的方式，去追求想要的一個東西，做人就是要行得正，然後走大路。該是你的話，它最後都會往你這邊來。

採用「比率式移動停利法」增加獲利

前面都是在說有關停損的事情，那至於 ETF 需不需要停利？雖然停利也是有不同的停利技巧，但整體來講問題不大。其實我覺得，最不需要討論就是停利這種東西。因為少賺錢不會怎樣，但賠錢是會死人的，所以停損是很重要的，至於停利的話呢，就是賺多賺少的問題而已，自己看著辦就好了。

那真的遇到需要停利，而且想盡可能的想停利在相對高點的位置，有沒有這樣的技巧呢？事實上是有的。像我在實務中，不論是 ETF 或是個股，遇到需要停利的時刻，會採用一種稱為「比率式移動停利法」的方式。這種方式在使用上有 4 個重點：

1. **啟用時機**：出現停利的想法，或是所執行的投資策略出現賣出訊號時。

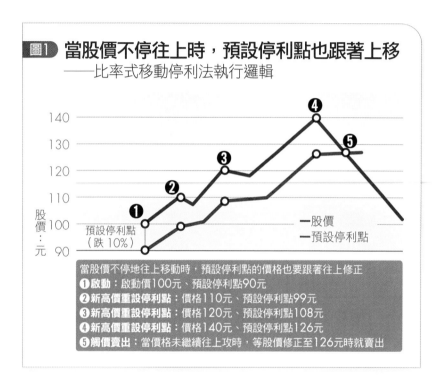

圖1 當股價不停往上時，預設停利點也跟著上移
——比率式移動停利法執行邏輯

當股價不停地往上移動時，預設停利點的價格也要跟著往上修正
❶啟動：啟動價100元、預設停利點90元
❷新高價重設停利點：價格110元、預設停利點99元
❸新高價重設停利點：價格120元、預設停利點108元
❹新高價重設停利點：價格140元、預設停利點126元
❺觸價賣出：當價格未繼續往上攻時，等股價修正至126元時就賣出

2. **比率區間**：先決定好停利時要採用的比率（5%、7%、10%為常用數字）。

3. **執行方式**：以決定停利的當天收盤價作為基準，再乘上比率的數字，即為停利價格。以收盤價100元為例，若停利比率採用10%，則預設的停利點為90元（＝100元×（1－

10%））。

4. 重新設定：當收盤價持續攻高，超越原有收盤價時，則以新高的收盤價作為新的預設停利點計算基準。延續前面的例子，當收盤價是 100 元時，預設的停利點為 90 元，但如果價格持續攻高，收盤價變為 110 元時，則新的預設停利點為 99 元（＝110 元 ×（1 － 10%），詳見圖 1）。

為什麼要採用「比率式移動停利法」呢？這背後都是人性的問題。試想，如果今天遇到停利的時刻要你馬上賣掉，肯定是心有不甘，且內心會有很多小劇場出現，例如「要是賣掉後股價繼續漲怎麼辦呢？」那比率式移動停利法就像是一個緩衝機制，當內心出現停利想法時，不需要馬上執行停利，而是有一個機制引導我們做出最佳的退場決策。

而且，使用比率式移動停利法的好處是，當要停利時，又擔心後續價格會繼續衝高，可以利用該技巧延後賣出的時間點。隨著價格持續往上，預設的停利點也跟著往上修正，讓賣出時盡可能為當時的相對高點位置。若是開始停利後，市場便立即反轉，那也只是損失一部分獲利，不至於將原本的獲利全數吐出。

釐清投資訴求

打造金庫

5-1 訴求1》輕鬆賺資本利得 以市值型ETF為核心持股

隨著 ETF 的多元發展，已逐漸發展出「不配息型」與「多次配息型」產品的分野。其中，不配息型以海外投資、槓桿型為主，多次配息型則是從年配逐漸往月配的角度發展，這兩種投資方式都有其擁護者。最簡單的區分方式是，擁抱不配息或低配息次數的，大多傾向於以「資本利得」為主，而擁抱多次配息的，則以「獲取現金流」為主。

殖利率愈高ETF，資本利得空間相對也較小

投資人選擇 ETF 的時候，要先有個基本認知，「殖利率與配息頻率高的 ETF，其資本利得的空間也相對變小。」道理很簡單：

1. 殖利率與配息頻率高，表示能長期滾動的資金減少。

2.高殖利率ETF，大多是選擇高殖利率個股作為成分股。而在股票市場中，高殖利率公司通常有幾種特徵：①位於成熟產業；②資產處分的一次性所得；③不需要持續擴張固定資產，就能維持獲利能力。較常見的是第①種特徵。

那也不要誤以為「成熟產業＝非成長股」，成熟產業大多是指已經有夠大的規模與市占率，高速擴張的時期已經過去，不需要再有大額的資本投入，故可以將獲得的利潤盡可能地與股東分享。當這種公司處於低擴張狀態，本益比評價低，高額股利發放時，就會有高殖利率數字的表現。

除非是遇到市場轉機，成熟產業公司的股價才會飆升，例如2023年的人工智慧（AI）轉機，帶動成熟電子產業獲利大增，連帶使得相關公司獲利動能明顯成長，搖身一變，從低成長股變成高成長股，也連帶使得許多高息型ETF的股價均被帶動大漲。

但市場不會一直都這樣，ETF呈現的效果最終都會回歸原始的策略設計，想要績效成長、機會高的，要選不配息或低配息、市值排序、成長策略為主的；想要現金流，則選擇高殖利率與多次配息的產品為主。

表1 國內的市值型ETF共11檔

代號	名稱	規模（億元）	1	2	
0050	元大台灣50	2,807.72	✓		
00692	富邦公司治理	217.37			
00850	元大臺灣ESG永續	139.75		✓	
00905	FT臺灣Smart	18.59	✓		
00912	中信臺灣智慧50	7.19	✓		
00921	兆豐龍頭等權重	19.19			
00922	國泰台灣領袖50	93.33			
00923	群益台ESG低碳50	118.69		✓	
006203	元大MSCI台灣	6.34	✓		
006204	永豐臺灣加權	1.29			
006208	富邦台50	662.25			

註：資料日期至 2024.01.18

　　接下來的章節將針對不同訴求的產品，做基本的介紹說明，讓投資人在選擇時能有更清晰的輪廓。

　　以追求大盤績效為主的產品，便是市場俗稱的「市值型 ETF」（詳見表 1），其主要的特色是以公司的市值作為主要選股方式。

──國內市值型ETF規模與配息月份

| 配息月份（月） | | | | | | | | | |
3	4	5	6	7	8	9	10	11	12
				✓					
				✓				✓	
		✓			✓			✓	
				✓			✓		
	✓			✓			✓		
✓			✓			✓			✓
	✓						✓		
					✓				
				✓					
							✓		
				✓				✓	

資料來源：Goodinfo! 台灣股市資訊網

各家廠商為了凸顯各檔市值型 ETF 的特色，會再加入不同的選股因子做出差異化。若投資的目標是以獲得加權指數報酬為主，只要加權指數成長、資本就可以跟著成長，不想考慮其他因素，那這類產品非常適合納入投資部位之中，我們也會建議這類產品可以作為核心持股的角色。

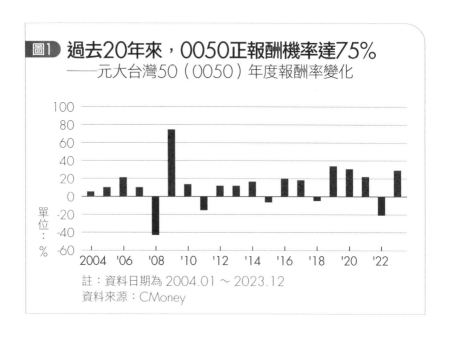

圖1 過去20年來，0050正報酬機率達75%
—— 元大台灣50（0050）年度報酬率變化

單位：%

註：資料日期為 2004.01 ～ 2023.12
資料來源：CMoney

　　那投資人可能會想說，只是緊跟加權指數，整體的績效會好嗎？以元大台灣 50（0050）為例，從圖 1 中可以發現，該檔產品作為首檔市值型 ETF，從 2004 年～ 2023 年的 20 年間，有 15 次取得正報酬、僅有 5 年出現負報酬，算下來正報酬機率達 75%，可說是相當得高！

　　從 2004 年初投入 1 萬元的資金到 0050 來看，這筆錢經過

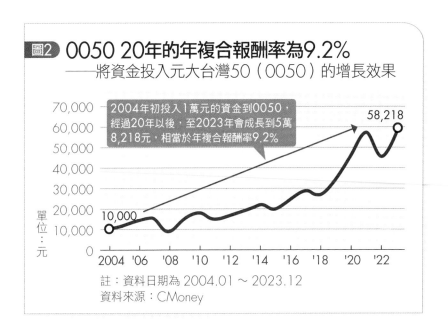

圖2 **0050 20年的年複合報酬率為9.2%**
——將資金投入元大台灣50（0050）的增長效果

> 2004年初投入1萬元的資金到0050，經過20年以後，至2023年會成長到5萬8,218元，相當於年複合報酬率9.2%

58,218

10,000

單位：元

2004 '06 '08 '10 '12 '14 '16 '18 '20 '22

註：資料日期為 2004.01 ～ 2023.12
資料來源：CMoney

20 年以後（2004 年～ 2023 年），會成長到 5 萬 8,218 元，相當於年複合報酬率 9.2%（詳見圖 2），跟把錢存在銀行的效果可說是天差地遠。錢存在銀行的好處是 100% 的保本（不考慮通膨對購買力的減損），但卻是損失了資金增長的機會；而錢以買進 0050 的方式存在股市，則會有報酬率上下浮動，甚至虧損的狀況，但承擔風險之後，這筆資金會以年複合報酬率 9.2% 的速度增長。至於哪個方式比較適合自己，投資人必須做出決定！

表2 **市值型ETF因選股策略類似，報酬率表現相當**
—市值型ETF報酬率比較

代號	名稱	報酬率（％）				
		2019	2020	2021	2022	2023
0050	元大台灣50	32.99	31.69	21.72	-21.79	28.79
0057	富邦摩台	32.83	31.76	24.12	-22.50	28.33
00692	富邦公司治理	28.16	30.99	24.45	-19.97	29.18
00850	元大臺灣ESG永續	N/A	29.56	26.45	-18.12	31.10
006203	元大MSCI台灣	33.55	32.34	24.38	-21.69	30.60
006204	永豐臺灣加權	27.17	25.32	31.88	-19.47	32.41
006208	富邦台50	33.06	31.87	22.10	-21.69	29.01

註：1. 資料日期為 2019.01 ～ 2023.12；2.N/A 表示無資料
資料來源：CMoney

發行時間愈長，市值型ETF價格愈高

　　另外一個比較常見的問題是，不同的市值型產品，是否有替代性？我這邊解釋一下，這些產品的主要選股策略是以「市值排序」為主，再加入一些特色因子，但因為主要的選股邏輯都差不多，所以每家選出來的成分股也大同小異，頂多是因為因子的關係讓權重、少部分個股出現變化，所以反映在績效上，會呈現大同小

異的狀況（詳見表2）。

在挑選市值型 ETF 上，如果因為最心儀的那檔價格太貴、難以入手的話，其實可以放心大膽地選其他檔價格便宜，但一樣屬於市值型的產品。為什麼價格會出現 15 元～ 130 元這麼大的落差性？這都跟發行時間有關，2 年內發行的市值型 ETF，價格都落在 15 元～ 20 元之間；發行超過 10 年以上的市值型 ETF，價格大多在 60 元以上。以台灣發行量加權指數呈現長期上漲的趨勢來看，市值型 ETF 的發行時間愈久、累積的時間愈長，則價格愈高也就不足為奇了！

我也很建議投資朋友，如果一開始不知道該選哪一類的 ETF，那不論是投資新手或是老手，都可以用市值型 ETF 作為踏入 ETF 投資的起點。

訴求2》想極大化指數績效 善用加權指數槓桿型ETF

5-2

槓桿型 ETF 大多以期貨作為主體來創造槓桿的效果，主要投資的標的物為台指期。通常這種期貨型的 ETF 會依據槓桿的倍數不同，而有不一樣的產品名稱，那在台灣，目前所發行的產品大多採用 2 倍槓桿的設計，也就是俗稱的「正 2」（詳見表 1）。

槓桿型ETF強制控制曝險，降低斷頭風險

有人會疑惑説，如果投資要開槓桿的話，為什麼不直接買進期貨、用保證金的方式交易呢？這是因為，期貨會依據保證金準備的多寡，而產生倍數的槓桿效果。萬一遇到市場重挫，而且投資人帳戶中保證金不足的狀況下，就會被強制斷頭，資金瞬間歸零，還得賠償差額。可説是遇到一次市場大波動的風險，馬上破產的概念。

表1 近1年來，加權指數槓桿型ETF報酬皆逾50%

加權指數槓桿型ETF近年報酬率

代號	名稱	報酬率（%）		
		近1年	近3年	近5年
00631L	元大台灣50正2	53.31	55.24	395.47
00663L	國泰臺灣加權正2	53.84	60.61	394.59
00675L	富邦臺灣加權正2	54.66	63.52	398.31
00685L	群益臺灣加權正2	55.14	65.60	404.14

加權指數槓桿型ETF 2018年～2023年報酬率

代號	名稱	單年報酬率（%）					
		2018	2019	2020	2021	2022	2023
00631L	元大台灣50正2	-10.44	70.18	68.18	62.23	-36.32	63.03
00663L	國泰臺灣加權正2	-11.69	64.96	68.41	64.65	-35.44	63.65
00675L	富邦臺灣加權正2	-11.54	64.92	66.67	64.98	-34.74	64.49
00685L	群益臺灣加權正2	-11.24	65.01	66.36	65.38	-34.26	64.98

註：資料日期為 2024.01.19
資料來源：CMoney

　　舉例來說，2024年1月18日，加權指數的收盤為1萬7,227點。以台指期1口1點200元來計算，買進1口足額台指期的擔保金額為344萬5,400元（＝1萬7,227點×1點200元）。為了方便說明，以下我們直接用344萬元來計算槓桿倍數（詳

見表 2)。

假設投資人看壞市場行情,在 2024 年 1 月 18 日放空 1 口台指期,存入保證金 34 萬 4,000 元(相當於 10 倍槓桿)。沒想到隔天(2024 年 1 月 19 日)因為市場迎來台積電(2330)法説會利多刺激,加權指數當天上漲了 453 點。

以台指期 1 口 1 點 200 元來計算,加權指數 453 點的價值為 9 萬 600 元(= 453 點 ×1 點 200 元),相對於 2024 年 1 月 19 日這天,股市上漲了 2.63%(= 453 點 ÷1 萬 7,227 點),但對於放空期貨的投資人來説,則是虧損幅度 26.3%(= 9 萬 600 元 ÷34 萬 4,000 元),漲跌幅的效果放大了 10 倍。

而且,這邊有個地方要注意,如果是用期貨下去投資,要是虧損金額超過期貨保證金時,除了帳戶歸零之外,扣抵金額不足的部分投資人還是要償還的喔,可不是保證金歸零後,就不關你的事了!

但如果這時候你是用槓桿型 ETF 下去投資的話,結果就不一樣了。因為投信在發行槓桿型 ETF 時就明文將它的曝險控制在

表2 大盤為1萬7227點時，足額保證金為344萬元
——不同保證金的槓桿倍數

加權指數	存入的保證金（萬元）	槓桿倍數（倍）
1萬7,227點	344.0	1
	172.0	2
	68.8	5
	34.4	10

200%（2倍槓桿），就算加權指數遇到史詩級崩盤的超級大場面，ETF的下跌幅度也就是乘以2倍。

舉例來說，假設某檔「正2」ETF的價格為100元，遇到台股重挫10%的大場面時，因為2倍槓桿的關係，它的價格會下跌20%，那也頂多是從100元變成80元。要是市況極差，加權指數又繼續天天重挫，最差的狀況下，頂多是你投入這檔「正2」ETF的這筆投資歸零，並不會衍生保證金不足賠償的問題。也就是說，用槓桿型ETF去投資，整個風險都是被控制住的，這對於投資人而言，相當有利。

一般遇到槓桿型投資商品時，會有下面幾個迷思：

1. 不適合長期投資。
2. ETF 的價格會因為轉倉持續「扣血」、長期向下。
3. 風險太高。

這部分必須要額外說明，因為並不是所有的槓桿型 ETF 淨值都是長期扣血、向下。我們來看元大台灣 50（0050）系列的槓桿型產品——元大台灣 50 正 2（00631L）、元大台灣 50 反 1（00632R），發行至今的價格變化。

從表 3 中可以看出，00631L 和 00632R 在 2014 年 10 月發行後，已經過了近 10 年的時間，兩者的價格也出現極大的差異。00631L 價格從 20 元累積到 148.05 元；反之，00632R 則是從 20 元進一步降為 4.53 元。

其實，投資人可以先理解一件事情，如果槓桿型的產品處於長期轉倉扣血的關係會導致價格走空，那 00631L 的價格增長數字會衝擊你的認知，不僅沒有扣血、價格走空的現象；相反的，它的價格還持續往上累積。

從這裡可看出，第 1 點提到的一檔產品若因為是槓桿的關係所

表3 00632R價格已跌至發行價以下
——元大台灣50正2vs.元大台灣50反1價格

名稱（代號）	2014.10發行價格（元）	2024.01.19目前價格（元）
元大台灣50正2（00631L）	20.00	148.05
元大台灣50反1（00632R）	20.00	4.53

資料來源：XQ 全球贏家

以就「不適合長期投資」，顯然這個結論似乎有點怪怪的，背後可能有些機制還沒搞懂。因為只要投資的商品能隨著通膨、時間，而具有長期累積往上的特性，基本上就能作為長期投資的標的。所以像是汽車、3C，大多隨著時間過去而大幅貶值，買這種東西稱不上是投資，頂多是一種便利生活的消費行為，而像是購買股票、房地產、黃金、藝術品等，隨著時間過去會因為內在價值提升、通膨、稀缺性等原因，讓價格走揚的，則被認為是投資。

2機制使槓桿型產品能隨著時間累積淨值

既然加權指數的槓桿型產品會隨著時間累積淨值，那就值得我

們來了解原因為何？而這背後主要的原因是 2 個機制的體現：

1.強迫複利再投資

　　首先來看「強迫複利再投資」。其實這是期貨的特性，期貨本身並沒有現金股利發放的機制，而是直接反映在期貨價格上，使得投資人被迫強制進行複利再投資。

2.轉倉逆價差

　　另一個則是「轉倉逆價差」，這部分則是台股除權息特性所造成，在每次大型權值股除權息時候都會造成加權指數蒸發的現象。例如台積電每次要除權息的時刻，媒體都會報導「指數蒸發」的訊息，這主要是因為指數是由每一檔個股的價格按照權重比率計算後的疊加結果。當大型權值股除權息，假設價格為 100 元、配息 5 元、除權息當天開出的價格為 95 元（＝ 100 元－ 5 元），因為指數是以股價為基準，既然大型權值股因為除權息導致開盤價格修正，那當天的指數也會是除權息修正後的指數，這就是指數蒸發的由來。

　　台指期在轉倉的時候會有近月、遠月的價格差異。要進行換倉的時候，若預計換倉的月份有眾多除權息個股，則換倉的價格依

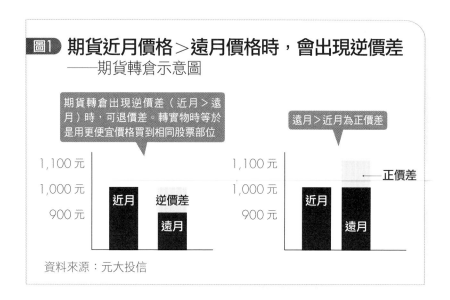

圖1 期貨近月價格＞遠月價格時，會出現逆價差
——期貨轉倉示意圖

期貨轉倉出現逆價差（近月＞遠月）時，可退價差。轉實物時等於是用更便宜價格買到相同股票部位

遠月＞近月為正價差

1,100元
1,000元
900元

近月　逆價差
遠月

1,100元
1,000元
900元

正價差

近月
遠月

資料來源：元大投信

據除權息的點數變化來反映價格。假設持有台指期 06 的合約、合約價格為 1,000 元，打算換倉到台指期 07 合約，因 7 月時會遇到除權息旺季，使得台指期 07 的價格為 900 元，這表示換倉後價格變低，其中換倉變便宜的部分會退價差，而產生持有成本不斷下降的現象（詳見圖 1）。

　　統計台股在 2014 年到 2023 年間，平均逆價差點數為 627 點，這也讓 00631l 這檔 2 倍槓桿型產品，不僅沒有因為期貨

轉倉而被扣血,反而額外創造超額報酬!

投資前需留意,高報酬也意味著高風險

那看到這邊千萬不要太早就心動了,因為加權指數槓桿型產品確實不適合每一個人,有 2 個原因:1. 高波動;2. 每個人對長期定義落差很大。

先看績效表現,以持有 5 年時間來看,0050 繳出了 118.75% 的報酬率,這表現相當的優異。但換成具有強迫複利、轉倉逆價差與 2 倍槓桿設計的 00631L 時,報酬率則來到 395.47%,繳出比原本設計值更高的超額表現。但好績效的背後是更高的波動度,從表 4 來看,0050 的波動率為 14.45%,而 00631L 則是更高的 26.78%。波動率愈高表示在同一時間內漲跌幅的數字愈高,在創造高報酬的同時,也讓投資人承擔了更高的市場風險。

既然槓桿型 ETF 風險波動這麼高,那這樣的產品主要設定的對象是對於風險有高承受力的風險愛好者,而不是風險承受度低的風險厭惡者。至於你是愛好者還是厭惡者,就如同前面所說,請

表4 槓桿型ETF報酬率和波動率皆高於0050
——元大台灣50（0050）vs.槓桿型ETF

代號	名稱	2023年報酬率（%）	近5年報酬率（%）	Beta係數	波動率（%）
0050	元大台灣50	28.79	118.75	1.08	14.45
00631L	元大台灣50正2	63.02	395.47	2.06	26.78
00663L	國泰臺灣加權正2	63.65	394.59	2.02	26.55
00675L	富邦臺灣加權正2	64.49	398.31	1.98	25.92

註：資料日期為 2024.01.19
資料來源：CMoney

記得去做風險屬性測試來了解自己的偏好（要誠實的回答風險偏好問題喔）。風險厭惡者千萬不要因為看到高績效就布局加權指數槓桿型商品，若遇到連續市場修正時，肯定會讓你痛不欲生！

活用槓桿型ETF，可增加資金靈活運用度

那00631L這種加權指數槓桿型的產品，除了直接投入承受雙倍波動之外，還有另外一種用法是控制曝險的比率，來達到不同的策略效果。有幾種方式與加權指數槓桿型產品搭配的做法（詳見表5）：

· **模式 1**：資金全數投入 0050，得到 100% 曝險的效果，但此時手中的剩餘資金為 0 元，這也是一般最常使用的模式。

· **模式 2**：資金有 50% 投入 0050、另外 25% 投入 00631L，此時可以獲得跟模式 1 相同比率的曝險效果，但手中多出 25 萬元的資金可供運用。

· **模式 3**：資金有 50% 投入 0050，剩下的 50% 投入 00631L。此時剩餘資金為 0 元，但曝險程度提高到 150%。

· **模式 4**：資金 50% 投入 00631L，剩下的 50% 投入定存。此時曝險程度維持 100%，但保留的一半資金可以靈活運用。

在這諸多模式之中，模式 4 算是彈性最高的一種做法。既保留了相同曝險程度，又讓手中多了一筆資金可供運用。要知道市場總是多變，當遇到股市大幅度修正時，對於長期投資人來講，是降低成本的大好機會，但這前提是手中要有錢啊！

以模式 4 的做法來看，50% 資金放在定存內備用，不僅閒置時可以多賺點利息錢，遇到市場修正來臨又能馬上拿出資金繼續加碼，可說是一舉兩得。

我們來比較模式 4 的策略（50% 00631L ＋ 50% 定存）與模

表5 50%資金投資00631L，曝險比率仍為100%

模式1》100% 0050

投資目標	元大台灣50（0050）
投入資金（萬元）	100
曝險比率（%）	100
剩餘資金（萬元）	0

模式2》50% 0050+25% 00631L

投資目標	元大台灣50（0050）	元大台灣50正2（00631L）
投入資金（萬元）	50	25
曝險比率（%）	50	50
剩餘資金（萬元）	0	**25**

模式3》50% 0050+50% 00631L

投資目標	元大台灣50（0050）	元大台灣50正2（00631L）
投入資金（萬元）	50	50
曝險比率（%）	**50**	**100**
剩餘資金（萬元）	0	0

模式4》50% 00631L+50%定存

投資目標	元大台灣50（0050）	元大台灣50正2（00631L）
投入資金（萬元）	0	50
曝險比率（%）	0	100
剩餘資金（萬元）	0	**50**

式 1（100% 0050）的長期執行績效，以 2014 年持續執行到 2022 年為止，兩者的績效差異高達 75 個百分點（詳見表 6）。這也告訴了我們，善用加權指數型槓桿工具，在相同的曝險程度下，有機會拿到更多的績效表現。

另外，關於「什麼是長期投資？」，這又是一個很玄妙的問題。簡單來講，「你的長期不是我的長期」，只要討論到長期投資，容易陷入雞同鴨講的現象。

我曾經遇過投資人跟我講，他想要長期投資，但是屢屢失敗，經仔細討論後發現，他的「長期投資」僅有 1 個月的長度。因為他之前是做隔日沖的，股票買進後頂多是持有 2 天～ 3 天，最多不會超過 1 週，持有 1 個月對他而言，已經是「長期投資」。一般在講「長期投資」，大多是指 5 年以上的週期，而加權指數槓桿型 ETF 在短期持有的狀況下，若遇到市場短期修正，績效會很不好，要做到真正的長期持有，才能看出加權指數槓桿型 ETF 的魅力。

講到這邊，投資人會有一個衍生性的問題：既然加權指數槓桿型可以創造出更佳的績效表現，那其他的槓桿型產品，像是美元

表6 投資00631L、定存，報酬高於單投資0050
——50% 00631L＋50%定存vs. 100% 0050

項目	50%投入元大台灣50正2（00631L）＋50%定存			100%元大台灣50（0050）	超額報酬（百分點）
	00631L	定存	合計		
投入金額（萬元）	50.0	50.0	100.0	100.0	N/A
2014年	52.9	50.7	103.6	102.7	0.9
2015年	44.3	51.3	95.6	96.4	-0.8
2016年	61.5	51.9	113.4	114.4	-1.0
2017年	85.9	52.4	138.3	135.5	2.8
2018年	76.9	52.9	129.8	128.9	0.9
2019年	130.9	53.5	184.4	171.4	13.0
2020年	220.1	53.9	274.0	225.7	48.3
2021年	357.1	54.3	411.4	274.8	136.6
2022年	249.2	54.9	304.1	228.9	75.2
報酬率（%）	204			129	75

注：「投資資金（萬元）」對應2014年至2022年各列。

資料來源：元大投信

正2、美債正2、黃金正2、布蘭特原油正2等，是否也具有強迫複利跟轉倉逆價差的效果，適合作為長期持有呢？實際上這類的討論都是鎖定在加權指數槓桿型的產品上，其他的槓桿型ETF，並不符合前述討論的特性。

訴求3》簡單創造現金流 持有高息型ETF

5-3

台股是個得天獨厚的高殖利率市場，以 2023 年 12 月統計的美、中、日、韓等國的市場殖利率來看：美國市場 1.45%、日本市場 2.24%、中國市場 2.69%、韓國市場 1.47%、台股市場 3.22%。很明顯的，台股的殖利率高出其他市場一截，而反映在個股上則到處都是高殖利率的個股。以 2023 年的資料來看，殖利率超過 8% 的個股有 65 檔、殖利率超過 6% 的個股則來到 239 檔。若是一般認知的：「高於 5% 即是高殖利率股」，那檔數更是高達 392 檔（台股在 2024 年 1 月上市櫃的個股數量為 1,803 檔）。

高息型ETF衍生出多種投資因子與配息策略

在這種環境下，台股市場自然也不缺乏高股息型的產品（詳

見表 1），甚至還衍生出各式各樣的因子與配息策略。以下就來一一的說明：

1. **預測型高股息**：以元大高股息（0056）作為代表。以預測隔年殖利率高的個股作為選股清單，近年配合投資人的需求將持股檔數由 30 檔擴增為 50 檔，並由年配息改為季配息。

2. **納入低波動因子**：以元大台灣高息低波（00713）與復華富時高息低波（00731）為主要代表。在追求殖利率的同時，額外將獲利能力與低波動（Low Beta）作為選股因子，使其波動性盡可能降低。低波動的設計有利於長期持有，波動性變小，投資人持股的穩定性會跟著上升。

3. **確定型高股息**：以國泰永續高股息（00878）作為代表。以往的高息型 ETF 因為採用資料庫預測殖利率的方式來選股，有時會出現失準的狀況。而 00878 這類型的 ETF 則是採用過去 3 年的平均殖利率（占評分 75%）＋今年殖利率（占評分 25%）作為殖利率篩選的基準。因為過去 3 年與今年的殖利率都是確定的，故可發放殖利率的可信度上升，加上有額外導入 ESG 作為輔助因子，受到許多投資朋友的喜愛。

表1 高息型ETF有4檔規模破千億元

代號	名稱	規模（億元）	1	2
0056	元大高股息	2,478.44	✓	
00701	國泰股利精選30	60.98	✓	
00713	元大台灣高息低波	507.88		
00730	富邦臺灣優質高息	17.89		
00731	復華富時高息低波	9.37		
00878	國泰永續高股息	2,373.94		✓
00900	富邦特選高股息30	357.59		✓
00915	凱基優選高股息30	76.29		
00918	大華優利高填息30	98.23		
00919	群益台灣精選高息	1,077.22		
00927	群益半導體收益	58.53	✓	
00929	復華台灣科技優息	1,358.49	✓	✓
00930	永豐ESG低碳高息	25.42	✓	

註：資料日期至 2024.01.18

4. 策略型高股息：以富邦特選高股息 30（00900）為代表，該產品主要特色是追求盡可能拿到最多股利數字，在每年主要的除權息期間進行 3 次的換股（4 月、7 月、12 月）。00900 的策略用個簡易的說法是：「每次換股後到下次換股之間，若有成

──國內高息型ETF規模與配息月份

配息月份（月）									
3	4	5	6	7	8	9	10	11	12
	✓			✓			✓		
					✓				
✓			✓			✓			✓
							✓		
					✓			✓	
		✓			✓			✓	
		✓			✓			✓	
✓			✓			✓			✓
✓			✓			✓			✓
✓			✓			✓			✓
	✓			✓			✓		
✓	✓	✓	✓	✓	✓	✓	✓	✓	✓
✓		✓		✓		✓		✓	

資料來源：Goodinfo! 台灣股市資訊網

分股已經配息，則下一輪清單中予以替換，確保每次換股後的成分股都處於尚未配息的狀態」。

　其他的高息型 ETF 在成分股除權息後，若仍符合選股原則，會

繼續留在清單中，但若其所持有的成分股是一檔年配息的個股，股利就只能領一次。但 00900 這檔 ETF 的特殊之處在於會將已經除權息的個股予以替換，故股利的部分會源源不絕地配發，使得可配發的殖利率高於其他產品。但這樣的產品要面對一個問題，那就是個股除權息後到下次換股時被替換，可能該檔個股尚未完全填權息甚至是貼息；這樣一來，在填權息時間容易拉長的空頭市場，其表現會較為不利。

5. **兩段式高股息**：以群益台灣精選高息（00919）與中信成長高股息（00934）作為代表，設計的方式分為「追求成長」與「追求配息」兩段式策略。簡單來講，就是在進入除權息旺季前，將成分股調整成能拿到高股利的投資組合；在除權息行情進入淡季後，將成分股調整為追求成長性的投資組合。讓高息型的產品加入能追求成長性的機會，這樣的投資策略設計受到不少股利與成長都想要的投資人所喜愛！

6. **產業型高股息**：以復華台灣科技優息（00929）與群益半導體收益（00927）為代表。設計邏輯是因為台灣是個以科技、半導體偏重的市場，全市場主要發放股利的來源也多是電子相關類股，既然如此，就直接鎖定產業來將股利最大化。像 00929

是鎖定在電子科技類股,而 00927 則是鎖定在半導體產業!

從以上多樣化的策略設計可知,高息型 ETF 市場的接受度極高。從投信投顧公會於 2023 年 10 月的統計資料可以看出,高息型 ETF 的整體規模高達 6,430 億元,受益人數 337 萬人,均遠遠地高出市值型 ETF 許多(詳見圖 1)!

而在 2022 年之後,高齡化社會與退休保障議題的日漸發酵之下,眾多的高息型 ETF 紛紛調整配息策略,由以往的年配、半年配,改為季配、雙月配、甚至月配。

用高息型ETF搭配出4種月月配組合

在配息制度調整之後,怎麼設計出合適的高股息搭配組合,變成新的課題。不管是投信本身,或投資社群的討論,都有針對最適化的議題提出搭配性建議。以下就針對各類型的月月配組合來進行說明:

月月配組合1》0056+00878+00919／00713

「0056 + 00878 + 00919」 和「0056 + 00878 +

00713」這兩個組合受到投資人普遍的認可，不僅是個月月配的組合，而且囊括高息型 ETF 規模前 2 大的產品（0056 和 00878），續航力與安全性頗不錯，是市場討論度最高的組合（詳見表 2）。

而這兩個組合在殖利率上也有極佳的表現，以 2023 年來看，0056 殖利率為 6.87%、00878 殖利率為 6.44%、00919 殖利率為 10.8%（年化後數據。2023 年度僅 3 次配息、單次均為 2.7%）、00713 殖利率為 6.83%。這表示不論投資人是採用「0056 ＋ 00878 ＋ 00919」的組合，或是採用「0056 ＋ 00878 ＋ 00713」的組合，都能在 2023 年時繳出不低於 6.6% 的殖利率表現。

不過要注意的是，高息型 ETF 每年的殖利率表現都依當時市場而定，並非採用該組合，就能永遠領到每年 6.6% 以上的殖利率表現，請務必要理解！

月月配組合2》0056＋00713＋00850

元大投信針對月配息的風潮，從自家的產品推出建議組合，「0056 ＋ 00713 ＋ 00850」（詳見表 3）。這樣的組合兼

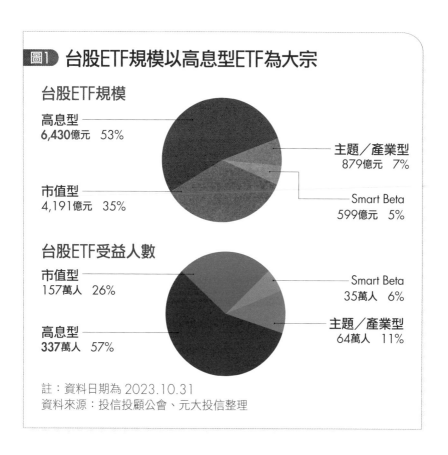

圖1　台股ETF規模以高息型ETF為大宗

台股ETF規模

高息型
6,430億元　53%

市值型
4,191億元　35%

主題／產業型
879億元　7%

Smart Beta
599億元　5%

台股ETF受益人數

市值型
157萬人　26%

高息型
337萬人　57%

Smart Beta
35萬人　6%

主題／產業型
64萬人　11%

註：資料日期為2023.10.31
資料來源：投信投顧公會、元大投信整理

具高股息、低波動與市值增長訴求，改善純高息型ETF長期資本利得表現低於市值型ETF的問題，而加入低波動產品可以讓整體組合的波動性降低。這邊要注意的是，這個組合中的元大臺灣

表2　市場討論度最高的月月配組合

代號	名稱	規模（億元）	1	2
0056	元大高股息	2,478.44	✓	
00878	國泰永續高股息	2,373.94		✓
00713	元大台灣高息低波	507.88		
00919	群益台灣精選高息	1,077.22		

註：資料日期至 2024.01.18

表3　元大投信推出的月月配組合

代號	名稱	規模（億元）	1	2
0056	元大高股息	2,478.44	✓	
00713	元大台灣高息低波	507.88		
00850	元大臺灣ESG永續	139.75		✓

註：資料日期至 2024.01.18

ESG 永續（00850）屬於市值型產品，在 2023 年的殖利率表現為 4.23%。若採用各 1/3 的配置，則該組合 2023 年的殖利率為 5.98%（＝（6.87% ＋ 4.23% ＋ 6.83%）÷3）。在追求平衡的同時，殖利率會低於純高股息產品的組合。

——0056+00878+00919／00713

配息月份（月）									
3	4	5	6	7	8	9	10	11	12
	✓			✓			✓		
		✓			✓			✓	
✓			✓			✓			✓
✓			✓			✓			✓

資料來源：Goodinfo! 台灣股市資訊網

——0056+00713+00850

配息月份（月）									
3	4	5	6	7	8	9	10	11	12
	✓			✓			✓		
✓			✓			✓			✓
		✓			✓			✓	

資料來源：Goodinfo! 台灣股市資訊網

月月配組合3》00907＋00930

　　永豐投信針對月配息的風潮，提出 2 檔雙月配 ETF——永豐優息存股（00907）和永豐 ESG 低碳高息（00930）來組合成月配息的方式（詳見表 4）。其中 00907 主要是針對存股族的偏

表4 永豐投信推出的月月配組合

代號	名稱	規模（億元）	1	2
00907	永豐優息存股	28.11		✓
00930	永豐ESG低碳高息	25.42	✓	

註：資料日期至 2024.01.18

表5 4檔月月配息的高息型ETF

代號	名稱	規模（億元）	1	2
00929	復華台灣科技優息	1,358.49	✓	✓
00934	中信成長高股息	111.50	✓	✓
00936	台新永續高息中小	42.50	✓	✓
00939	統一台灣高息動能	N/A	✓	✓

註：1. 資料日期至 2024.01.18；2.00939 尚未掛牌，故無規模資料，以 N/A 表示

好，挑選長期穩定公司的邏輯所設計，另一檔 00930 則是鎖定 2024 年開始的碳關稅議題，選出低碳又兼具高殖利率的公司。

2023 年 00907 殖利率為 6.5%，而 00930 則是因在 2023

──00907＋00930

配息月份（月）									
3	4	5	6	7	8	9	10	11	12
	✓		✓		✓		✓		✓
✓		✓		✓		✓		✓	

資料來源：Goodinfo! 台灣股市資訊網

──00929、00934、00936、00939

配息月份（月）									
3	4	5	6	7	8	9	10	11	12
✓	✓	✓	✓	✓	✓	✓	✓	✓	✓
✓	✓	✓	✓	✓	✓	✓	✓	✓	✓
✓	✓	✓	✓	✓	✓	✓	✓	✓	✓
✓	✓	✓	✓	✓	✓	✓	✓	✓	✓

資料來源：Goodinfo! 台灣股市資訊網

年 7 月上市，配息紀錄未滿 1 年，故參考其追蹤指數殖利率為 7.7%（統計期間為 2019 年 7 月 1 日～2023 年 4 月 28 日）。

因 00907 和 00930 這兩檔 ETF 都是偏向高息的設計，在各

投入一半資金的條件下，整體的殖利率數字有機會來到 7.1%（＝（6.5% ＋ 7.7%）÷ 2）。

月月配組合4》00929、00934、00936、00939

除了上述 3 種不同的 ETF 組合以外，也有多家投信在發現投資人對於月配息的需求後，陸續推出各種單一檔就能月配息的 ETF 產品。這樣一來，可以免除投資人挑 3 檔 ETF 來組合搭配的煩惱，也可以簡化管理投資標的。

目前首檔股票型月配息產品，由 00929 拔得發行頭籌。00929 作為首檔股票型月配息產品，從 2023 年 6 月上市後僅不到半年的時間，規模就突破千億元（詳見表 5），平均指數殖利率為 7.5%（統計期間為 2018 年～ 2022 年）。

後來發行的月配息產品，像是 00934、台新永續高息中小（00936）與統一台灣高息動能（00939）等，則是在產品設計上，祭出和 00929 完全不一樣的策略手法。

00934 採用前面提到的「兩段式選股策略（一段選高殖利率股、一段選成長股）」，並將填息能力納入考量。因 00934 在

> ### ⓘ 投資小知識》ETF殖利率多半會低於指數殖利率
>
> 指數殖利率並不等於 ETF 本身的殖利率。正常來說，ETF 的背後都有一組追蹤指數，該指數又分成「價格指數」與「含息報酬指數」，而指數殖利率即為兩者之間的差幅計算結果。
>
> 以常見狀況來看，ETF 的實際殖利率會低於其所追蹤指數的指數殖利率。這是因為 ETF 上市後，會面臨成分股配息、規模增減、費用支出等狀況，導致實際配發殖利率低於其所追蹤指數的回測結果。

2023 年 10 月上市，配息紀錄未滿 1 年，故參考其追蹤指數殖利率為 7.42%（統計期間為 2016 年 1 月 1 日～ 2023 年 7 月 31 日）。

00936 是月配息 ETF 中首檔以中小型股為訴求，並納入 ESG 機制排除未來碳費隱憂。透過 ESG ＋高息設計，波動率比一般中小型股投資組合低約 2%。因 00936 在 2023 年 10 月上市，配息紀錄未滿 1 年，平均指數殖利率為 7.4%（統計期間為 2021 年～ 2023 年）。

00939 的特殊之處在於加入了「動能策略」與「夏普值」（註

1）的設計，讓其產品有極高的 CP 值表現。在承受相同波動的同時，可以獲得更多的報酬率表現。由於 00939 在本書截稿前尚未上市，故只能參考其追蹤指數殖利率表現。根據策略的回測績效，其指數殖利率達 9.85%（統計日期為 2019 年 1 月～ 2023 年 11 月）。

除了上述所講到的 ETF 產品外，台股市場中有多達百檔以上的 ETF（截至 2023 年 12 月）具備配息機制，因此我另外整理了一份按「年配、半年配、季配、雙月配、月月配」等不同配息機制的匯總表在附件，提供給投資朋友按圖索驥，找到自己理想的配息組合！

註 1：夏普值是用來衡量每單位風險對應的報酬率，可以說是投資標的之 CP 值指標，其公式為：夏普值＝報酬率 ÷ 波動率。一般而言，夏普值愈高，代表承受每單位風險獲得的報酬愈高，所以說夏普值愈高愈好。

訴求4》擁抱飆股賺波動 短線布局動能策略型ETF

在 2023 年的 ETF 總績效排行榜前 10 名中，除了常見的槓桿型 ETF、單一產業型 ETF，與意外碰上人工智慧（AI）題材而大漲的高息型 ETF 外，出現一個特殊的面孔——富邦臺灣中小（00733，詳見表 1）。

00733 這檔 ETF 經常會被人誤解為是一檔投資中小型股的市值型產品，但是其實它的全名是「富邦臺灣中小 A 級動能 50 ETF 證券投資信託基金」，而它的特殊之處就在於「動能」這兩個字上。

00733成分股往往包含熱門題材股

大家可能不知道，00733 的選股邏輯相當獨特，並不考慮長

表1 **2023年00733報酬率高達71.44%**
——2023年ETF總績效排行榜前10名

代號	名稱	ETF策略模式	2023年報酬率（％）
00733	富邦臺灣中小	中小型股＋價格動能	71.44
00631L	元大台灣50正2	槓桿	62.97
00891	中信關鍵半導體	半導體產業	60.44
0056	元大高股息	高股息	57.62
00904	新光臺灣半導體30	半導體產業	55.80
0051	元大中型100	中小型股	50.36
00892	富邦台灣半導體	半導體產業	48.57
00919	群益台灣精選高息	高股息	46.21
00713	元大台灣高息低波	高股息	45.96
0052	富邦科技	科技產業	45.36

註：資料日期為 2023.01.03 ～ 2023.12.28
資料來源：CMoney

期的基本面表現，只要上市滿 1 年、近 1 季沒虧損即可，其他
則是專注於成交量、周轉率、Beta 數值與 Alpha 數值（註 1）
的表現上。而這樣選股策略的效益就是，只要是當季的熱門題材
股，都有機會被納入其成分股中，故我都稱其成分股為「飆股俱
樂部」，想要找近期市場哪些類股有題材刺激的，打開 00733
的成分股就能窺探一二。

表2 過去5年來，00733績效優於0050

不同類型ETF近年績效比較

代號	名稱	類型	報酬率（%）		
			近1年	近3年	近5年
00631L	元大台灣50正2	槓桿型	63.57	74.03	381.91
00733	富邦臺灣中小	動能策略型	73.06	134.39	345.55
0052	富邦科技	產業型	44.80	37.67	219.94
0051	元大中型100	中小型	50.39	87.23	209.67
0050	元大台灣50	市值型	28.13	25.01	114.00

不同類型ETF 2019年～2023年績效比較

代號	名稱	單年報酬率（%）				
		2019	2020	2021	2022	2023
00733	富邦臺灣中小	44.03	32.07	63.21	-16.29	71.44
00631L	元大台灣50正2	70.18	68.18	62.23	-36.32	62.97
0051	元大中型100	29.98	28.03	42.55	-13.18	50.36
0052	富邦科技	49.64	58.56	23.13	-24.66	45.36
0050	元大台灣50	32.99	31.69	21.72	-21.79	28.14

註：資料日期為 2023.12.28
資料來源：CMoney

　雖然這種只看交易動能、價格動能選股的方式看似有些荒唐，但在技術線型的交易者眼中，可是很稀鬆平常的事，畢竟有量才有價，成交量高的個股才有機會在短期創造高價。但衍生出來的

表3 00733的波動率與00631L貼近
——不同ETF波動率比較

代號	名稱	波動率（%）
00631L	元大台灣50正2	26.78
00733	**富邦臺灣中小**	24.00
0050	元大台灣50	14.50
0056	元大高股息	13.50
00713	元大台灣高息低波	9.21

資料來源：CMoney

缺點就是每次換股數量都很驚人，以00733的持股50檔來看，每季換股時，幾乎都有一半的個股會被替換掉。也因為它的換股頻率高，所以相對的，它在費用率上較其他ETF產品多出不少，這是多數人所詬病的地方！

那實際來看看，00733在動能選股策略的加持之下，所創造

註1：Alpha數值是用來表達個股的超額報酬比率。例如個股的Beta數值與大盤一致時，理論上漲幅應該與大盤一致。但實際上該個股卻是上漲了6%，其多出來的1%便屬於超額報酬，即Alpha數值。

的績效表現如何？以元大台灣50（0050）為基礎來比較，從2019年～2023年，00733的績效都優於0050，就算是在下跌的年度（2022年）也跌得比較小，近5年的累積績效僅比元大台灣50正2（00631L）這種加權指數槓桿型的產品落後，但其他種類的產品就只能看到其車尾燈（詳見表2）。

但00733這檔產品既然是動能策略、成分股又容易納入短線熱門個股，那其波動率自然也不會太低。由表3可以看出，00733的波動率24%，遠高於0050的波動率14.5%，而與槓桿型ETF 00631L的波動率26.78%貼近。這也再次說明了，勇於面對高風險、高波動，會換來高報酬！

訴求5》追逐特定趨勢 買進單一主題、產業型ETF

5-5

隨著 ETF 產品的不斷發展，整體趨勢逐漸由全市場的指數複製往單一市場、單一產業、甚至特定主題來設計，這也讓投資人有了更多元的選擇（詳見表1）。市場上也有批評的聲音說，這樣的發展已經偏離指數投資擁抱市場報酬的本質。

但投資本來就是一種多面向的選擇，只能說每個人的想法不同，而投資工具本身是中性的，端看投資人如何去運用、發揮出預期的效應。

在單一產業、主題設計上，目前已經有電子產業、科技產業、金融產業、半導體產業、電動車、電子支付、資安防護等選擇出現，因為種類太多元了，這裡就不一一介紹。產業跟主題型 ETF 的投資重點會著重於「特定產業、特定主題」的趨勢發展是否能

維持下去？

須留意整體市場走多時，單一產業仍可能處於逆風

跟市值型 ETF 投資不同之處在於，單一主題型的 ETF 會較容易在趨勢過後，整體的績效一蹶不振，或是產業遇到逆風，但市場卻大漲時，就無法參與到整體漲幅。

你沒看錯！在市場大漲時，仍會有產業處於逆風狀態。以 2023 年來說，加權市場漲幅約 26.8%，但若投資部位集中在水泥、塑化等高碳排公司，在整體市場亮麗的漲幅之下，反而會繳出落後的報酬率。例如台泥（1101）僅有 4.99% 報酬率、台塑（1301）則是虧損 -4.39%。所以在投資單一產業、主題時，對產業趨勢的現況必須有所掌握。

話雖如此，產業型 ETF 對於喜歡特定產業，卻又難以選擇哪一檔的投資人而言，是相當便利的投資工具。例如在台股市場中，金融股絕對是存股族的口袋名單之一，但金融股又分成壽險型、銀行型、票券型、證券型、租賃型等不同類別，要選哪一檔來投資絕對是很困擾人的問題！此時，金融產業型 ETF，如元大

表1 單一產業型ETF較多採年配息

國內產業型ETF規模與配息月份

代號	名稱	規模（億元）	1	2	
0052	富邦科技	50.69			
0053	元大電子	3.42			
0055	元大MSCI金融	16.28			
00891	中信關鍵半導體	174.52		✓	
00892	富邦台灣半導體	82.58			
00904	新光臺灣半導體30	21.21	✓		
00913	兆豐台灣晶圓製造	1.53		✓	

海外主題ETF規模與配息月份

代號	名稱	規模（億元）	1	2	
00911	兆豐洲際半導體	1.39	✓		
00909	國泰數位支付服務	2.68			
00917	中信特選金融	5.91	✓		

註：資料日期至 2024.01.18

MSCI 金融（0055），就可以用來作為整體布局。雖然不會拿到該產業最佳的報酬率表現，但肯定會是落在中上的位置（詳見表2）。

配息月份（月）									
3	4	5	6	7	8	9	10	11	12
	✔								
								✔	
								✔	
		✔			✔			✔	
				✔				✔	
	✔			✔			✔		
					✔				

配息月份（月）									
3	4	5	6	7	8	9	10	11	12
				✔					
	✔								

資料來源：Goodinfo! 台灣股市資訊網

　　而從整體的角度來看，長期持有 0055 的報酬率也相當亮麗，近 10 年報酬率有 129.78%，相當於年複合報酬率 8.7%（詳見表 3）。

表2 0055的報酬率表現位於金融股中段班
——2023年金控股VS. 0055的績效排序

代號	名稱	2023年報酬率（%）
2886	兆豐金	34.36
2885	元大金	33.53
2891	中信金	33.38
2887	台新金	28.29
2890	永豐金	23.94
2881	富邦金	23.72
2882	國泰金	16.76
0055	**元大MSCI金融**	**15.97**
2884	玉山金	12.13
2892	第一金	9.49
2889	國票金	8.41
2880	華南金	2.35
2888	新光金	0.91
2883	開發金	-0.40

註：資料日期為 2023.01.01 ～ 2023.12.29
資料來源：CMoney

其他產業的邏輯也是類似的，如果你看好特定產業的發展，卻又難以決策該選哪一檔個股，此時不妨可以採用 ETF 直接布局整體產業，這樣就不會錯過啦！

表3 ⬤ **0055近10年報酬率129.78%**
——元大MSCI金融（0055）不同時間的報酬率

代號	名稱	報酬率（%）			
		近1年	近3年	近5年	近10年
0055	元大MSCI金融	6.82	42.75	67.15	129.78

註：資料日期為 2024.01.19
資料來源：CMoney

混搭不同類型ETF時，常見2大問題

前面大多是將各類 ETF 分開做介紹，那在 ETF 工具的使用過程中，不免會衍生類似「不同類型的 ETF，是否可以混合搭配使用」的疑問。我這邊將一些常見的疑問列出來，作為補充說明：

問題1》ETF可以做股債分配嗎？比率上該如何選擇？

以前讀「投資學」相關書籍時，都會提到股債分配的重要性。以往台股市場中主要的工具只有股票，想要取得債券則相對不容易，但現在 ETF 發行的種類已經延伸到債券型產品，且也同樣蓬勃發展，投資人可輕鬆進行搭配，完成股債的比率分配。在「用ETF 做股債分配」的這個基礎上，還會再衍生出 2 個問題：

①標的該怎麼選？前面有提過，股票型 ETF 的核心選擇是「市值型產品」，像是元大台灣 50（0050）、富邦台 50（006208）、元大臺灣 ESG 永續（00850）、兆豐龍頭等權重（00921）、國泰台灣領袖 50（00922），這類 ETF 篩股按照市值排序為主，且選股範圍遍及整個市場各類產業。

而債券型 ETF 則是首選「A 級公司債」（詳見表 4）。在各類債券型產品中，A 級公司債的分布範圍也是遍及各行各業與跨國企業，作為核心債券部位相當適合。

②股債比率的部分該如何分配呢？這部分會涉及到年齡與風險偏好的問題。初入社會的年輕人資金應多放在股票部位上，而離退休愈來愈近的中老年族群則要提高債券部位。比較常見的做法是用年紀來區分（不考慮風險偏好）：

- 20 歲時：股票比率 80%、債券比率 20%。
- 40 歲時：股票比率 60%、債券比率 40%。
- 60 歲時：股票比率 40%、債券比率 60%。

若真的很難抉擇的話，則可以直接考慮用「60% 股票＋40%

表4 10檔在台股掛牌的A級公司債ETF
——A級公司債ETF

代號	名稱	規模（億元）
00746B	富邦A級公司債	887.36
00751B	元大AAA至A公司債	1,383.72
00754B	群益AAA-AA公司債	180.97
00761B	國泰A級公司債	925.37
00772B	中信高評級公司債	1,299.35
00777B	凱基AAA至A公司債	536.27
00789B	復華公司債A3	101.53
00792B	群益A級公司債	548.64
00836B	永豐10年A公司債	125.85
00841B	凱基AAA-AA公司債	17.55

註：資料日期至2024.01.18
資料來源：元富證券

債券」，這個做法是經過研究機構大規模研究後所得出屬於退休族的黃金比率，可作為難以抉擇時的參考標準。

問題2》ETF有多種類型，應該要如何搭配？

要回答這個問題之前，首先要理解不同的產品對投資人有不一樣的意義。想要槓極追求成長機會，那產業型、策略型產品就很

適合;想要跟隨整體市場增長,那就選市值型產品;有強烈現金流需求,那選高股息產品準沒錯。可是一旦涉及到搭配性時,那又是另一種課題。事實上,每個人所謂的「最佳解」定義上都不一樣,以下只能針對自身的理解來回覆。

在 ETF 搭配性上,大多是指股票型 ETF 為主。至於債券型 ETF,它在台股市場中,其實並非主要選擇,只是在 2023 年間,遇到美國聯準會(Fed)升息循環,市場普遍預期 2024 年後會啟動降息循環,屆時有賺取資本利得的機會,才讓市場興起債券 ETF 的投資風潮。在此之前,債券型 ETF 在散戶投資人之間可謂是「票房毒藥」——說殖利率,比不上高息型 ETF;說題材性,又沒題材,加上當時債券型 ETF 多以法人交易為主,自然引不起一般投資人的興趣。

那在股票型 ETF 的搭配上,會建議採用「市值型+高股息型+產業(策略)型」作為搭配:

◆**市值型**:核心部位,占比超過 50% 以上。
◆**高息型**:調整部位的殖利率用。市值型 ETF 的殖利率經常落在 4% 以下,可利用殖利率 6% 以上的高息型產品來提高投資組

合的殖利率表現。

◆**產業（策略）型**：提高投資組合獲取超額報酬的機會。

要是覺得搭配不同的股票型 ETF 很麻煩，只想挑一種股票型 ETF 就好的話，市值型的產品肯定是不錯的選擇。

後記 最重要的是「開始行動」

　　ETF 的產品從乏人問津變成當紅炸子雞，除了投信的積極推廣之外，另一方面也是投資人對於投資觀點的改變所推動。以往在進行個股布局時，需要事先擬定投資策略，並在價格合適時進場，如何有效選股更是重要的議題。但選股並沒有想像中容易，更不要說換股、汰弱留強、動態平衡、比例分配等議題，實際執行下來，往往最後結果都跟想像的完全不一樣。

　　而 ETF 的出現，大幅降低投資難度。ETF 產品實際就是一檔內建投資策略的投資組合，不僅按照制定策略進行投資、時間到了自動汰換不合格清單，產品發行的時間拉得愈長，愈能看出策略的成效好壞，投資人只要按照自身的需求去選擇，並考慮是否認同產品的投資策略即可，其他的就交給 ETF 去運作就好。

　　當然有很多人會告訴你，投資個股會賺更多，我並不否認這樣的結論。我一開始進入投資市場時，也是從個股開始，並從股票市場

中獲得不少財務回報，不過在這過程中，我也付出了大量的時間研究、閱讀書籍，與參加大量的學習課程。

而我要問你一件事情，「為了賺更多錢，你願意付出多少時間去研究總經、個股、產業、財報、籌碼等議題？」這可不是每個人都做得來的事情。我認為與其半吊子的去做個股投資，不如早早轉投入 ETF 投資的行列之中。要知道光是長期持有市值型 ETF 產品，就足以擊敗市場上超過80% 投資人績效，且不需要做什麼研究，就只需要單純的持續買進布局，就能獲得這驚人的成績。

故投資 ETF 不僅可以讓你省下很多的時間去安排生活，還可以更專注在工作表現上，進而讓職涯更上一層樓。在歷經股海多年沉浮之後，我衷心地認為，ETF 是投資人的福音。而投資最重要的就是「不要只是看，而是要行動起來」，看完《股魚教你一本搞懂ETF》這本書，了解整個 ETF 架構、產品設計、投資策略邏輯後，剩下來的就是讀者（你）的行動囉！

附錄 台股掛牌ETF規模與配息

年配息

代號	名稱	規模（億元）	1	2	
0051	元大中型100	12.85			
0052	富邦科技	50.69			
0053	元大電子	3.42			
0055	元大MSCI金融	16.28			
00728	第一金工業30	21.81	✓		
00730	富邦臺灣優質高息	17.89			
00770	國泰北美科技	44.16	✓		
00830	國泰費城半導體	152.95	✓		
00901	永豐智能車供應鏈	19.32			
00909	國泰數位支付服務	2.68			
00916	國泰全球品牌50	13.31			
00917	中信特選金融	5.91	✓		
00920	富邦ESG綠色電力	2.09	✓		
00926	凱基全球菁英55	4.41			
006201	元大富櫃50	3.41			
006204	永豐臺灣加權	1.29			

註：資料日期至 2024.01.18　　資料來源：Goodinfo! 台灣股市資訊網

月份匯總表

配息月份（月）									
3	4	5	6	7	8	9	10	11	12
								✓	
	✓								
								✓	
								✓	
							✓		
								✓	
	✓								
			✓						
									✓
								✓	
							✓		

代號	名稱	規模（億元）	1	2	
半年配息					
0050	元大台灣50	2,807.72	✓		
00690	兆豐藍籌30	11.68			
00692	富邦公司治理	217.37			
00701	國泰股利精選30	60.98	✓		
00702	國泰標普低波高息	1.43	✓		
00733	富邦臺灣中小	27.13			
00735	國泰臺韓科技	1.92	✓		
00736	國泰新興市場	1.33	✓		
00858	永豐美國500大	6.47	✓		
00881	國泰台灣5G+	396.57	✓		
00882	中信中國高股息	370.75	✓		
00892	富邦台灣半導體	82.58			
00911	兆豐洲際半導體	1.39	✓		
00913	兆豐台灣晶圓製造	1.53		✓	
00922	國泰台灣領袖50	93.33			
00923	群益台ESG低碳50	118.69		✓	
00928	中信上櫃ESG30	5.86	✓		
006203	元大MSCI台灣	6.34	✓		
006208	富邦台50	662.25			
00718B	富邦中國政策債	106.83		✓	
00721B	元大中國債3-5	2.07		✓	

註：資料日期至 2024.01.18 　　資料來源：Goodinfo! 台灣股市資訊網

配息月份（月）									
3	4	5	6	7	8	9	10	11	12
				✔					
		✔						✔	
				✔				✔	
					✔				
				✔					
	✔						✔		
				✔					
				✔					
				✔					
					✔				
				✔					
				✔				✔	
				✔					
					✔				
✔							✔		
					✔				
				✔					
				✔					
				✔				✔	
					✔				
					✔				

季配息（1、4、7、10月組）

代號	名稱	規模（億元）	1	2	
0056	元大高股息	2,478.44	✓		
00714	群益道瓊美國地產	7.96	✓		
00717	富邦美國特別股	31.20	✓		
00888	永豐台灣ESG	93.23	✓		
00904	新光臺灣半導體30	21.21	✓		
00905	FT臺灣Smart	18.59	✓		
00908	富邦入息REITs+	6.36	✓		
00912	中信臺灣智慧50	7.19	✓		
00927	群益半導體收益	58.53	✓		
00687B	國泰20年美債	867.16	✓		
00694B	富邦美債1-3	116.64	✓		
00695B	富邦美債7-10	10.93	✓		
00696B	富邦美債20年	340.50	✓		
00719B	元大美債1-3	159.65	✓		
00720B	元大投資級公司債	1,240.26	✓		
00722B	群益投資級電信債	524.41	✓		
00723B	群益投資級科技債	474.02	✓		
00724B	群益投資級金融債	982.90	✓		
00725B	國泰投資級公司債	928.22	✓		
00726B	國泰5Y+新興債	389.10	✓		
00727B	國泰1-5Y非投等債	35.43	✓		

	配息月份（月）								
3	4	5	6	7	8	9	10	11	12
	✔			✔			✔		
	✔			✔			✔		
	✔			✔			✔		
	✔			✔			✔		
	✔			✔			✔		
	✔			✔			✔		
	✔			✔			✔		
	✔			✔			✔		
	✔			✔			✔		
	✔			✔			✔		
	✔			✔			✔		
	✔			✔			✔		
	✔			✔			✔		
	✔			✔			✔		
	✔			✔			✔		
	✔			✔			✔		
	✔			✔			✔		
	✔			✔			✔		
	✔			✔			✔		
	✔			✔			✔		

接續
下頁

代號	名稱	規模（億元）	1	2	
00734B	台新JPM新興債	5.21	✓		
00740B	富邦全球投等債	480.37	✓		
00741B	富邦全球非投等債	4.36	✓		
00746B	富邦A級公司債	887.36	✓		
00749B	凱基新興債10+	301.40	✓		
00750B	凱基科技債10+	45.01	✓		
00761B	國泰A級公司債	925.37	✓		
00782B	國泰A級公用債	8.36	✓		
00784B	富邦中國投等債	1.12	✓		
00785B	富邦金融投等債	298.38	✓		
00788B	元大10年IG電能債	9.43	✓		
00789B	復華公司債A3	101.53	✓		
00790B	復華次順位金融債	1.15	✓		
00791B	復華信用債1-5	139.86	✓		
00834B	第一金金融債10+	6.92	✓		
00842B	台新美元銀行債	3.22	✓		
00848B	中信新興亞洲債	60.42	✓		
00849B	中信EM主權債0-5	191.61	✓		
00870B	元大15年EM主權債	150.73	✓		
00884B	中信低碳新興債	8.08	✓		
00931B	統一美債20年	207.22	✓		

註：資料日期至 2024.01.18　　資料來源：Goodinfo! 台灣股市資訊網

	配息月份（月）								
3	4	5	6	7	8	9	10	11	12
	✓			✓			✓		
	✓			✓			✓		
	✓			✓			✓		
	✓			✓			✓		
	✓			✓			✓		
	✓			✓			✓		
	✓			✓			✓		
	✓			✓			✓		
	✓			✓			✓		
	✓			✓			✓		
	✓			✓			✓		
	✓			✓			✓		
	✓			✓			✓		
	✓			✓			✓		
	✓			✓			✓		
	✓			✓			✓		
	✓			✓			✓		
	✓			✓			✓		
	✓			✓			✓		
	✓			✓			✓		
	✓			✓			✓		

季配息（2、5、8、11月組）

代號	名稱	規模（億元）	1	2	
00731	復華富時高息低波	9.37		✓	
00771	元大US高息特別股	3.39		✓	
00850	元大臺灣ESG永續	139.75		✓	
00878	國泰永續高股息	2,373.94		✓	
00891	中信關鍵半導體	174.52		✓	
00894	中信小資高價30	16.97		✓	
00900	富邦特選高股息30	357.59		✓	
00679B	元大美債20年	1,514.11		✓	
00754B	群益AAA-AA公司債	180.97		✓	
00755B	群益投資級公用債	58.78		✓	
00756B	群益投等新興公債	386.28		✓	
00758B	復華能源債	2.95		✓	
00759B	復華製藥債	27.42		✓	
00760B	復華新興企業債	197.17		✓	
00775B	新光投等債15+	46.74		✓	
00780B	國泰A級金融債	98.24		✓	
00786B	元大10年IG銀行債	8.40		✓	
00794B	群益7+中國政金債	12.56		✓	
00795B	中信美國公債20年	288.66		✓	
00799B	國泰A級醫療債	2.66		✓	
00840B	凱基IG精選15+	19.45		✓	

配息月份（月）									
3	4	5	6	7	8	9	10	11	12
		✔			✔			✔	
		✔			✔			✔	
		✔			✔			✔	
		✔			✔			✔	
		✔			✔			✔	
		✔			✔			✔	
		✔			✔			✔	
		✔			✔			✔	
		✔			✔			✔	
		✔			✔			✔	
		✔			✔			✔	
		✔			✔			✔	
		✔			✔			✔	
		✔			✔			✔	
		✔			✔			✔	
		✔			✔			✔	
		✔			✔			✔	
		✔			✔			✔	
		✔			✔			✔	
		✔			✔			✔	
		✔			✔			✔	

接續
下頁

代號	名稱	規模（億元）	1	2	
00841B	凱基AAA-AA公司債	17.55		✓	
00844B	新光15年IG金融債	92.88		✓	
00845B	富邦新興投等債	65.56		✓	
00846B	富邦歐洲銀行債	25.65		✓	
00847B	中信美國市政債	3.12		✓	
00860B	群益1-5Y投資級債	2.54		✓	
00867B	新光A-BBB電信債	161.87		✓	
00890B	凱基ESGBBB債15+	8.72		✓	

註：資料日期至 2024.01.18　　資料來源：Goodinfo! 台灣股市資訊網

季配息（3、6、9、12月組）

代號	名稱	規模（億元）	1	2	
00712	復華富時不動產	277.99			
00713	元大台灣高息低波	507.88			
00896	中信綠能及電動車	40.89			
00915	凱基優選高股息30	76.29			
00918	大華優利高填息30	98.23			
00919	群益台灣精選高息	1,077.22			
00921	兆豐龍頭等權重	19.19			
00697B	元大美債7-10	9.18			
00710B	復華彭博非投等債	57.23			

配息月份（月）									
3	4	5	6	7	8	9	10	11	12
		✓			✓			✓	
		✓			✓			✓	
		✓			✓			✓	
		✓			✓			✓	
		✓			✓			✓	
		✓			✓			✓	
		✓			✓			✓	
		✓			✓			✓	

配息月份（月）									
3	4	5	6	7	8	9	10	11	12
✓			✓			✓			✓
✓			✓			✓			✓
✓			✓			✓			✓
✓			✓			✓			✓
✓			✓			✓			✓
✓			✓			✓			✓
✓			✓			✓			✓
✓			✓			✓			✓
✓			✓			✓			✓

接續
下頁

代號	名稱	規模（億元）	1	2	
00711B	復華彭博新興債	147.70			
00751B	元大AAA至A公司債	1,383.72			
00764B	群益25年美債	317.44			
00777B	凱基AAA至A公司債	536.27			
00778B	凱基金融債20+	521.09			
00779B	凱基美債25+	280.51			
00781B	國泰A級科技債	1.61			
00787B	元大10年IG醫療債	4.67			
00792B	群益A級公司債	548.64			
00793B	群益AAA-A醫療債	1.34			
00831B	新光美債1-3	5.51			
00836B	永豐10年A公司債	125.85			
00853B	統一美債10年Aa-A	18.22			
00856B	永豐1-3年美公債	3.15			
00857B	永豐20年美公債	59.17			
00859B	群益0-1年美債	1.85			
00862B	中信投資級公司債	166.51			
00863B	中信全球電信債	162.98			
00883B	中信ESG投資級債	3.03			

註：資料日期至 2024.01.18　　資料來源：Goodinfo! 台灣股市資訊網

配息月份（月）									
3	4	5	6	7	8	9	10	11	12
✓			✓			✓			✓
✓			✓			✓			✓
✓			✓			✓			✓
✓			✓			✓			✓
✓			✓			✓			✓
✓			✓			✓			✓
✓			✓			✓			✓
✓			✓			✓			✓
✓			✓			✓			✓
✓			✓			✓			✓
✓			✓			✓			✓
✓			✓			✓			✓
✓			✓			✓			✓
✓			✓			✓			✓
✓			✓			✓			✓
✓			✓			✓			✓
✓			✓			✓			✓
✓			✓			✓			✓
✓			✓			✓			✓

雙月配

代號	名稱	規模（億元）	1	2
00907	永豐優息存股	28.11		✓
00930	永豐ESG低碳高息	25.42	✓	

註：資料日期至 2024.01.18　　資料來源：Goodinfo! 台灣股市資訊網

月月配

代號	名稱	規模（億元）	1	2
00929	復華台灣科技優息	1,358.49	✓	✓
00934	中信成長高股息	111.50	✓	✓
00936	台新永續高息中小	42.50	✓	✓
00939	統一台灣高息動能	N/A	✓	✓
00772B	中信高評級公司債	1,299.35	✓	✓
00773B	中信優先金融債	893.65	✓	✓
00933B	國泰10Y＋金融債	263.74	✓	✓
00937B	群益ESG投等債20+	408.43	✓	✓

註：1.00939 尚未掛牌，故無規模資料，以N/A 表示；2. 資料日期至 2024.01.

配息月份（月）									
3	4	5	6	7	8	9	10	11	12
	✓		✓		✓		✓		✓
✓		✓		✓		✓		✓	

配息月份（月）									
3	4	5	6	7	8	9	10	11	12
✓	✓	✓	✓	✓	✓	✓	✓	✓	✓
✓	✓	✓	✓	✓	✓	✓	✓	✓	✓
✓	✓	✓	✓	✓	✓	✓	✓	✓	✓
✓	✓	✓	✓	✓	✓	✓	✓	✓	✓
✓	✓	✓	✓	✓	✓	✓	✓	✓	✓
✓	✓	✓	✓	✓	✓	✓	✓	✓	✓
✓	✓	✓	✓	✓	✓	✓	✓	✓	✓
✓	✓	✓	✓	✓	✓	✓	✓	✓	✓

資料來源：Goodinfo! 台灣股市資訊網

國家圖書館出版品預行編目資料

股魚教你一本搞懂ETF：一學就會的躺贏發財術／股
魚著. -- 一版. -- 臺北市：Smart智富文化，城邦文化
事業股份有限公司，2024.02
面； 公分
ISBN 978-626-98272-0-6(平裝)

1.CST: 基金 2.CST: 投資
563.5 113000142

Smart 智富

股魚教你一本搞懂ETF
一學就會的躺贏發財術

作者	股 魚
企畫	周明欣

商周集團
執行長　郭奕伶

Smart 智富
社長　林正峰（兼總編輯）
總監　楊巧鈴
編輯　邱慧真、施茵曼、林禹盈、陳婕妤、陳婉庭
　　　蔣明倫、劉鈺雯
協力編輯　曾品睿
資深主任設計　張麗珍
封面設計　廖洲文
版面構成　林美玲、廖彥嘉

出版　Smart 智富
地址　115 台北市南港區昆陽街 16 號 6 樓
網站　smart.businessweekly.com.tw
客戶服務專線　（02）2510-8888
客戶服務傳真　（02）2503-6989
發行　英屬蓋曼群島商家庭傳媒股份有限公司城邦分公司

製版印刷　科樂印刷事業股份有限公司
初版一刷　2024 年 2 月
初版九刷　2024 年 9 月
ISBN　978-626-98272-0-6

定價 360 元